Research on the agglomeration development
of Hainan tourism industry from the
perspective of free trade port

自贸港视角下

海南旅游业集聚发展研究

符峰华◎著

图书在版编目(CIP)数据

自贸港视角下海南旅游业集聚发展研究 / 符峰华著
. —杭州：浙江大学出版社，2020.7
ISBN 978-7-308-20799-7

Ⅰ.①自… Ⅱ.①符… Ⅲ.①地方旅游业－旅游业发
展－研究－海南 Ⅳ.①F592.766

中国版本图书馆 CIP 数据核字(2020)第 233578 号

自贸港视角下海南旅游业集聚发展研究

符峰华 著

责任编辑	蔡圆圆	
责任校对	许艺涛	宁檬
封面设计	续设计	
出版发行	浙江大学出版社	
	（杭州市天目山路 148 号　邮政编码 310007）	
	（网址：http://www.zjupress.com）	
排　　版	浙江时代出版服务有限公司	
印　　刷	杭州高腾印务有限公司	
开　　本	710mm×1000mm　1/16	
印　　张	13	
字　　数	199 千	
版印次	2020 年 7 月第 1 版　2020 年 7 月第 1 次印刷	
书　　号	ISBN 978-7-308-20799-7	
定　　价	68.00 元	

序

在中央把建设海南自由贸易港确定为我国全面深化改革开放的重大战略,向全世界宣示我国在更大范围、更多领域推进改革开放的决心,表明对外开放的大门不会关闭、只会越开越大,并把旅游业确立为海南自贸港建设三大主导产业之首的背景下,本书的研究对海南自贸港建设理论政策的研究和决策而言,具有较强的现实性和必要性。

本书力图理清自贸港建设与旅游业集聚发展之间的互动关系,分析了自贸港建设给海南旅游业集聚发展带来的重要历史机遇和提出的新要求,从不同维度和视角建立了旅游业集聚发展水平评价模型,定量评价了海南旅游业总体及其主要行业集聚发展的现状,通过与我国其他省区市和境外三个自由贸易港的比较,得出海南旅游业整体集聚发展水平不高、旅游业内部主要行业集聚发展不均衡等结论;随后,建立评价模型,定量评价刻画了海南旅游业集聚发展的空间分异特征,得出了海南旅游业总体集聚发展及其主要行业集聚发展空间结构不合理的结论;再构建岭回归模型,定量分析影响海南产业集聚的因素,得出海南旅游吸引力的比较优势有所减弱的结论;接着,基于上述结论分析了海南旅游业总体集聚发展水平不高、旅游业内部主要行业集聚发展不均衡、旅游业总体集聚及其主要行业集聚空间结构不合理在政策、体制、制度、对外开放、市场、产业基础、人才等多方面的根源;最后,就加快海南旅游业集聚发展提出了思路和建议。这些思路和建议对加快建设海南自由贸易港、推动旅游产业集聚发展都有一定的参考价值。

笔者做了极大的理论探索努力,展开研究的问题导向清楚,研究工作量饱满,研究方法、评价模型和研究样本选择基本恰当,资料较翔实、内容较丰富、数据来源可靠,纵向论证逻辑清晰、篇章结构合理、语言通顺流畅,研究结论及据此提出的解决问题的思路和建议都有一定的研究参考和实际应用价值。这都表明,本书具有运用应用经济学基本理论和方法研究现实经济社会问题的能力,在理论分析方法、研究视角和研究内容上都有一定的创新。

目　录

图目录

表目录

第一章 导 论

第一节 研究背景与研究问题

一、研究背景

(一)产业集聚研究的历史脉络与旅游业集聚研究

产业集聚研究最早起源于外部经济现象的研究。亚当·斯密(1981)首次在其著作《国民财富的性质和原因的研究》中定义了产业集聚,即基于绝对利益、围绕特定产品生产、多个企业分工协作形成的生产性群体。在长达200多年的历史进程中,西方学者对产业集聚现象及其理论持续关注。大卫·李嘉图(1985)从区位角度探究了特定产品生产形成的集聚经济现象,而后,阿尔弗雷德·马歇尔(1997)较为全面地阐述了产业集聚及其包括的内部集聚和空间外部经济的内涵,特别是产业集聚生成的外部经济、规模经济的内涵及其驱动因素等。其中非常重要的研究是产业集聚的空间尺度度量,以及通过空间聚类直观显示并能够区分产业集聚的规模及其程度的方法(Mori,2014)。

产业集聚内涵首次被系统阐释发端于阿尔弗雷德·韦伯(1997)产业区位理论的建立,但韦伯比较机械地认为,企业集聚主要是为了节约成本,追求成本最低、好处最多的内部规模经济导致产业集聚经济的出现;企业壮大自身的规模产生集聚趋向,属于产业经济发展的初级阶段,而企业间组织化发展形成区域工业化趋势才是步入高级集聚阶段。约瑟夫·熊彼特(1912)指出,产业集聚过程中的经济周期性波动,除了众多外部因素,技术创新是最重要的内生性根源,对于产业集聚及其持续增长至关重要。埃德加·M.胡佛(1990)进一步指出,任何一个产业或企业均存在最佳规模,都必须经历单位规模经济、企业联合体规模经济和集聚规模经济等发展阶段;集聚企业少、规模太小,或者集聚企业过多、规模过大,都会影响产业集聚的总体效应。但是,直至 20 世纪 90 年代,包括上述理论研究者在内的几乎整个产业集聚领域,均把研究局限于单一产业或区域内的产业内部联合、分工协作和互相合作等。

基于对欧美日等发达国家和地区产业集聚现象的系统研究,迈克尔·波特(1990)从新竞争优势角度建构了著名的钻石模型,特别强调了创新在生产力提升中发挥的重要基础作用。他认为,新创企业的不断涌现必将强化产业群竞争力,持续驱动产业集聚,且旅游业是非常适合集聚发展的产业之一。新制度经济学把产业集聚视为介于企业与市场之间的中间组织形式,集聚经济的出现能够促使企业获得首次区位竞争优势,必将对未来企业产生巨大吸引力,企业内部或企业间总是通过一定的组织形式即社会关系,达到降低管理成本、提高创新活力的目的,社会资本成为产业集聚获得竞争优势的重要条件和源头动力(Weinstein,2013)。

综上,产业集聚不仅是市场、要素、资本等驱动下的空间区位集聚,也是因优势竞争和组织管理而生成的内外部规模经济集聚,更是技术创新、制度创新、可持续发展等驱动下产业生态的系统集聚。

旅游业集中具有产业集聚的基本特征,承载着产业集聚理论的新趋向,这对于以旅游业为主导方向,积极探索和实践中国特色自由贸易港建设,具有重要的理论借鉴价值和现实指导意义。

旅游业集聚得到国内外学界普遍关注,但研究侧重点并不相同。国外学者较为关注旅游业集聚的条件环境、产业内部竞争程度、关联结构以及内外部竞合等。国内学者侧重于旅游业集聚的内涵和特征、跨学科分析、区域实践模式、动力效应价值与局部创新探索等,但针对旅游业集聚的定量分析与基础理论研究不多,尤其是对典型区域旅游业集聚发展路径的前瞻性和开拓性研究较少。

（二）自贸区建设与海南旅游业集聚发展

2008 年爆发的全球性金融危机不断蔓延,导致世界经济低迷,全球有效需求不足,以反倾销、绿色壁垒、技术壁垒、知识产权保护、劳工标准等为主要表现形式的新贸易保护主义愈演愈烈,持续冲击传统自由贸易主流价值观,全球经济发展不确定性不断增大,这给包括中国在内的,与世界经济深度融合的新兴经济体带来了巨大挑战,但也提供了重大机遇(杨潇,2018)。发达国家重点产业转向旅游业和其他现代服务业的速度不断加快,包括中国在内的新兴经济体发展方式也快速转向以旅游业为代表的生态、绿色发展模式。随着旅游业在国民经济中的比重不断提高,中国迅速成为国际旅游市场的重要引擎和关键动力之一。迪拜、伦敦、曼谷、巴黎、新加坡、夏威夷、迈阿密等城市的旅游消费增长旺盛,对经济的贡献度逐年提高。新加坡、香港和迪拜作为世界公认的三大自由贸易港,能够保持持续繁荣,旅游消费发挥了至关重要的作用。与此同时,旅游业在中国全国范围内出现了明显的集聚趋势,香港、澳门、台湾、浙江、上海、江苏、广东等发达地区的集聚水平较高,贵州、云南、四川、陕西、重庆等西部省市的旅游业也出现了较为明显的集聚,催生了以旅游业为龙头的新业态、新热点和新动能集聚。

进入 21 世纪第二个十年以来,美欧日三大经济体先后发起 TPP(跨太平洋伙伴关系协议)、TT 品牌(跨大西洋贸易和投资协议)和 PSA(多边服务业协议)等新一轮多边贸易谈判,力图形成新一代高规格、高标准的全球贸易和服务规则来取代以 WTO(世界贸易组织)为代表的多边贸易体系,企图把以中国为代表的新兴经济体和发展中经济体排除在外。

在这种特定背景下,为了有效尝试国际经贸新思路、新标准、新规则,全方位积累新时期国际经贸合作经验,提供与欧美等发达经济体进行相关谈判的必要依据和实证样本,奠定参与全球贸易规则和标准重构的基础,中国自 2013 年 9 月以来,先后设立了中国(上海)自由贸易试验区、中国(广东)自由贸易试验区、中国(天津)自由贸易试验区、中国(福建)自由贸易试验区、中国(辽宁)自由贸易试验区、中国(浙江)自由贸易试验区、中国(河南)自由贸易试验区、中国(湖北)自由贸易试验区、中国(重庆)自由贸易试验区、中国(四川)自由贸易试验区、中国(陕西)自由贸易试验区、中国(海南)自由贸易试验区、中国(山东)自由贸易试验区、中国(江苏)自由贸易试验区、中国(广西)自由贸易试验区、中国(河北)自由贸易试验区、中国(云南)自由贸易试验区、中国(黑龙江)自由贸易试验区。这些自由贸易试验区的设立和建设,旨在试验更高水平的自由贸易标准,加快贸易投资自由化进程,加大企业权益保护力度,打造符合国际惯例、对标国际规则的世界一流营商环境，通过施行特殊海关监管和税收优惠政策等，大幅度减少海关干预，甚至在海关不干预情况下允许货物的进口、加工制造、再出口等（李志鹏，2013）。

2018年4月13日，习近平总书记在庆祝海南建省办经济特区30周年大会上宣布，"党中央决定支持海南全岛建设自由贸易试验区，支持海南逐步探索、稳步推进中国特色自由贸易港建设，分步骤、分阶段建立自由贸易港政策和制度体系"[①]。推进海南自贸港建设，是习近平总书记亲自谋划、亲自部署、亲自宣布、亲自推动的国家重大战略。习总书记强调，海南要"以国际旅游岛建设为总抓手"，"海南必须立足自身优势条件，重点发展高新技术产业、现代服务业以及旅游业"[②]，进一步强化旅游业作为支柱产业的战略地位。海南以旅游业为核心主导产业之一，建设中国特色自由贸易港，重在以人流为主体带动资金流、技术流、信息流、人才流、特色商品流等，而非传统的以物流为主体带动资金流、人才流和信息流等（张倪，2018）。随后，打造具有全球影响力的"国际旅游消费中心"成为海南自贸港的四大战略定位之一。2018年底，国家发改委发布的《海南省建设国际旅游消费中心的实施方案》指出，建设海南国际旅游消费中心，旨在"深入推进国际旅游岛建设，优化发展环境，创新发展体制，通过不断扩展旅游消费新市场，重点发展旅游消费新领域、新业态，培育新的发展热点，提升旅游消费，进一步激发市场消费潜力，探索消费型经济的发展模式，逐步形成品牌聚集、业态成熟、气候宜人、环境舒适、生态环境相对较好的国际旅游消费胜地"。在很大程度上，"国际旅游消费中心"作为海南自贸港四大战略定位之一，是海南旅游业加快集聚发展的源头动力。2020年6月1日，党中央、国务院印发的《海南自由贸易港建设总体方案》指出，紧紧围绕国家赋予海南建设全面深化改革开放试验区、国际旅游消费中心的战略定位，充分发挥海南自然资源丰富、地理区位独特以及背靠超大规模国内市场和腹地经济等优势，抢抓全球新一轮科技革命和产业变革重要机遇，聚焦发展旅游

---

① 党中央决定支持海南全岛建设自由贸易试验区[N/OL].经济日报，2018-04-13[2019-10-13]. https://baijahao.baidu.com/s?id=1597629519637254137&wfr=spider&for=pc.
② "海南国际旅游岛'全国生态文明建设示范区'发展战略研究"课题组.以国际旅游岛建设为总抓手谱写美丽中国海南篇[N].光明日报，2015-12-07(07).

业、现代服务业和高新技术产业,加快培育具有海南特色的合作竞争新优势。

海南作为相对封闭的经济区域,生态环境较好,地理位置优越,不但具有良好的自然禀赋,气候条件也得天独厚。从1988年建省办经济特区开始,以旅游业为龙头的现代服务业一直是海南长期坚持发展的战略性支柱产业。2010年海南国际旅游岛建设上升为国家战略,2013年确立谱写美丽中国海南篇章的战略定位,2016年首个全域旅游示范省创建落户海南,并启动服务贸易集聚发展试点,这些都为探索建设以旅游业为第一支柱产业的中国特色自由贸易港做了多方面的准备。

从政策环境来看,国家先后赋予海南全国旅游业改革创新试验区、世界一流海岛休闲度假旅游目的地、全国生态文明建设示范区、国际经济合作和文化交流重要平台、南海资源开发和服务基地、国家热带现代农业基地等与旅游业发展紧密相关的战略定位。但多年过去了,海南旅游业仍未形成集聚发展的突变态势,满足吃、住、行、游、娱、购等六大要素的传统旅游业态发展均不充分,集群水平低,集聚效应明显偏弱,尚未出现一家在全国,更谈不上能在全球产生广泛影响的"航母级"旅游企业集团,也远未形成旅游业群落和旅游品牌体系。在康、养、学、闲、情、奇等新要素不断强化并催生众多旅游新业态不断涌现的背景下,海南虽在医疗旅游、康养旅游、休闲旅游、乡村旅游、文化旅游、体育旅游等方面进行了诸多探索和尝试,但以康、养、学、闲、情、奇旅游为前提的散客化旅游需求与团队型旅游供给错位,未能及时有效回应境内外大众旅游时代到来提出的多元化、定制化、个性化和精准化要求。旅游业集聚能力差,对相关产业的拉动效应有限,旅游消费新热点尚未产生跨越式增长。这直接影响旅游业,以及以旅游业为龙头的现代服务业在自贸港建设中的主导性支柱产业的作用,很可能对海南如期实现国家级自贸港建设的不同时间节点的目标产生不利影响。

二、研究问题

自1988年建省办经济特区以来,海南一直高度重视旅游业发展。虽然其发展思路、发展战略、产业结构及其主导产业选择经历了多次调整,但全省上下对旅游业始终保持着较高的关注度,旅游业对经济增长的贡献度也在不断提升。2010年,海南接待过夜旅游者2587.34万人次,其中国内过夜游客数量为2521.03万人次,入境过夜游客数量为66.31万人次;实现旅游收入257.63亿元,国内旅游市场收入为235.61亿元,入境旅游市场收入为22.02亿元,旅游总收入占当年地区生产总值(GDP)2052.12亿元的比重达到11.4.%(海南省统计局,2011)。2018年,海南接待国内外游客总人数8311.20万人次,过夜游客总人数6824.51万人次,是2010年的2.64倍,旅游总收入1057.80亿元,其中国内过夜游客数量为6680.92万人次,国内旅游市场收入991.81亿元,入境过夜游客数量为143.59万人次,入境旅游市场收入68.07亿元(海南省统计局,2019)。

海南国际旅游岛建设上升为国家战略以来,海南旅游接待过夜游客量和旅游总收入一直保持每年两位数的增速,旅游业作为主导性支柱产业的地位不断稳固。2017年,旅游业对国民经济的直接和综合贡献度分别为12%和28%,远高于全国5.52%和11.04%的平均水平。但是,海南年接待游客总量和旅游总收入占全国总量的比重均不足1%。尽管海南拥有许多得天独厚、不可复制的旅游资源优势,但其旅行社、旅游饭店、景区景点、旅游商业、世界遗产、全域旅游示范区创建单位、红色旅游经典景区、中国邮轮旅游发展实验区、国家湿地旅游示范基地、在建自驾车房车营地等旅游业态数量占全国的比重都在1%左右,世界遗产、中国邮轮旅游发展实验区、国家湿地旅游示范基地等甚至为零(李金早,2018)。这些数据表明,海南旅游业多年的发展结果,与国际旅游岛建设的国家战略目标相去甚远,仍然未出现"航母级"旅游企业或标志性旅游品牌(何雁,2015)。

自由贸易港是当今世界最高水平的开放形态。海南以旅游业、现代服务业和高新技术产业为三大主导产业探索建设中国特色自由贸易港,是对海南全面深化改革开放提出的划时代要求。海南必须率先在全国步入改革开放"无人区",顺应发展实际,充分参考现有自贸区和自贸港的先进经验,合理吸收国内外前沿管理理念和方法,培育和壮大自身战略性支柱产业,强化重点产业对海南探索建设中国特色自由贸易港的支撑作用,为海南经济持续健康发展奠定坚实基础,为旅游业发展营造良好环境。在海南省自贸港的三大主导产业中,旅游业是其中的核心产业,在很大程度上决定着自贸港建设的进程。但鉴于目前的总体发展水平,海南旅游业能否在建设自由贸易试验区和中国特色自由贸易港过程中发挥应有的主导作用和拉动效应,是被广泛质疑、迫切需要深入研究的重大现实课题。

在这一特定背景下,全面推动自贸港建设对旅游业集聚发展提出了哪些新要求,带来了哪些新机遇? 怎样科学评估、客观判断海南旅游业集聚发展的现状和趋势? 海南旅游业目前的集聚发展水平与其他省市和境外自由贸易港相比究竟存在多大差距? 海南旅游业集聚发展的影响因素有哪些? 海南旅游业集聚发展面临哪些问题,其根源是什么? 加快海南旅游业集聚发展使其能在自由贸易试验区和中国特色自由贸易港建设进程中发挥第一主导产业的拉动作用,为此需要全面深化哪些领域的改革开放、推进哪些领域的体制机制创新? 这些都是迫切需要通过深入研究予以回答的重要问题。

第二节　研究意义

一、理论意义

本研究从中国特色自由贸易港的内涵、特征、行动策略和路径选择切入,从理论上明晰了海南旅游业集聚发展与自由贸易区(港)建设之间的内在逻辑,准确把握旅游业集聚发展在海南自由贸易区(港)建设中的重要地位和作用,在此基础上测度、比较和分析了海南与其他省区市由旅游业区位熵和空间基尼系数表征的集聚发展水平,测算和比较分析了海南与境外知名自由贸易区(港)由旅游业主要行业集聚度表征的集聚发展水平,也建模分析了由区位熵表征的海南旅游业集聚发展的时间分异特征和其主要行业集中度的空间分异特征,并根据上述定量研究结论分析了海南旅游业集聚发展存在的主要问题,在海南旅游业集聚发展及其定量评估和实证研究不多的现状下,具有一定的学术价值。

本研究采用惩罚回归模型,量化解析了影响海南旅游业集聚的主要因素,接着讨论和分析了区位熵代表的海南旅游业在全国旅游业中的地位及其背后的深层次根源。这是把惩罚回归模型运用于旅游业集聚发展影响因素实证分析的全新探索,在研究方法上有一定的创新意义。

二、实际应用价值

本研究通过科学评估判断海南旅游业集聚发展的现状和趋势,比较海南旅游业集聚发展水平与国内其他省区市和境外自由贸易区(港)之间的差距,探究海南旅游业集聚时空分异情况,分析影响海南加快旅游业集聚发展的因素,研判海南加快旅游业集聚发展需要全面深化改革开放和创新体制机制的重点领域,探求海南旅游业在自由贸易区(港)建设背景下集聚发展的政策、体制和机制路径,提出在旅游业集聚发展关键领域和核心环节全面深化改革、扩大开放、创新体制机制的建议,有望给政府、行业协会、市场主体提供参考,具有积极的实际应用价值。

第三节　研究目标

一、核心目标

本研究的核心目标是,通过理论推演、定性与定量分析、国际比较与国内横向比较,探析中国特色自由贸易区(港)建设对海南旅游业发展的影响,科学客观评估和判断海南旅游业集聚发展现状,从省与省之间、境外不同自贸港之间、省内不同市县之间等三大空间维度,定量评价和比较分析海南旅游业集聚发展水平和空间分异特征等,把握海南旅游业集聚发展现状和趋势,探究海南旅游业集聚发展滞后的各种根源,剖析为加快海南旅游业集聚发展迫切需要全面深化改革、扩大开放和推动深层次体制制度创新的重要领域和关键环节,提出以加快海南旅游业集聚发展推动自贸港建设的政策建议。

二、具体目标

1. 建立定量评价模型,测度海南旅游业区位熵、空间基尼系数和主要行业区位熵,通过省际及与境外自贸港的横向比较分析,把握海南旅游业集聚发展的现状和趋势。

2. 从旅游业区位熵、行业集中度两个维度,分析和刻画海南旅游业集聚发展水平在不同市县的时空分异特征。

3.分析影响海南旅游业集聚的因素,剖析海南加快旅游业集聚发展面临的矛盾和问题。

4.探析为加快海南旅游业集聚发展需要的全面深化改革、全方位扩大开放和推动深层次体制制度创新等方面的需求,提出加快海南旅游业集聚发展推动自贸港建设的政策建议。

第四节 研究内容与研究思路

一、研究内容

主要研究内容是,剖析中国特色自由贸易港建设对海南旅游业的系统性影响及其对集聚发展提出的新要求,通过建模测算力求准确判断海南旅游业集聚发展的现状和趋势,通过省际和与境外自贸港的横向比较,分析海南旅游业集聚发展水平与我国其他省区市的差距以及与境外知名自由贸易港的差距,通过建模测度和刻画旅游业集聚发展在海南全省的时空分异特征,剖析海南建设中国特色自由贸易港进程中加快旅游业集聚发展面临的问题和挑战,最后基于上述研究的结论深入讨论在建设中国特色自由贸易港进程中加快旅游业集聚发展的策略、路径和行动等。具体内容如下。

第一章为导论,以中央支持海南省加速自贸港建设为研究背景,论证为加快海南旅游业集聚发展迫切需要研究的重要问题,分析研究该课题的理论意义和实际应用价值,明确全书的核心研究目标及每一章的具体研究目标,分析实现核心研究目标和具体研究目标需要研究的主要内容及逻辑思路,设计研究方法与技术路线,分析必须首先解决的关键性问题和有望实现的创新点等。

第二章为文献综述与理论基础,首先,讨论中国特色自由贸易港、国际旅游消费中心等关键概念。其次,综述国内外关于自由贸易港建设的内涵及其本质特征,旅游业集聚成因、动力、发展路径、评价理论与评价方法,自由贸易港建设与旅游业集聚发展的关系等方面的研究文献,评述国内外研究的特点及动态,讨论本研究与既有文献之间的联系及本研究的特色。最后回顾本研究拟使用的相关理论,由此构建本研究的理论基础。

第三章主要论述海南旅游业集聚发展的趋势、机遇与新要求,包括海南旅游业战略定位、政策导向与集聚发展趋势,海南旅游业集聚发展理念、目标、方向、要素、环境、策略、重点等产生的各种机遇,以及自贸港建设的政策推动、市场拉动作用等,进而分析自贸港建设对旅游业开放式发展、营商环境、政策体系提出的新要求。

第四章在定量评价海南旅游业集聚发展水平的基础上进行比较研究,建立实证模型,分别测度海南旅游业区位熵、空间基尼系数和主要行业区位熵指数,进而比较分析海南旅游业集聚发展水平与我国其他省区市及与境外知名自由贸易港的差距,构建岭回归模型分析海南旅游业集聚的影响因素。

第五章考察海南旅游业集聚发展的时空分异特征,建模测度海南全省不同时期不同市县旅游业区位熵、旅游业的主要行业集中度,分析刻画海南旅游业集聚的时空分异特征,从时间序列和空间分布探究海南全省旅游业集聚发展水平、时空演进特征与规模经济契合度等。

第六章构建岭回归模型分析基于旅游收入的海南旅游业集聚度的影响因素,根据前面几章的理论分析和实证研究结果,分析影响海南加快推动旅游业集聚发展、扩大旅游业集聚规模、推动旅游业国际消费集聚、优化旅游业集聚结构、促进旅游业集聚可持续发展等方面的因素。

第七章是加快海南旅游业集聚发展的思考与建议,基于前述的定性分析和实证研究结论,针对海南省自贸港建设进程中加快旅游业集聚发展面临的矛盾、问题和挑战,就海南在自贸港建设背景下如何加快推进旅游业集聚发展,提出相应的建议。

第八章为结论与启示,主要回顾全书的研究工作和主要研究结论,提炼和概括创新点,分析本研究的局限性,展望该领域下一步的可能研究方向、研究课题和研究思路。

二、研究思路

本研究按照由表及里、由浅入深、逐步推进的逻辑思路展开:第一步,从理清关键概念切入,力争较为全面系统地梳理国内外关于自由贸易港建设与旅游业集聚发展和旅游业集群演化及结构优化之间的关系,关于旅游业集聚发展的内涵、路径和动力,关于旅游业集聚发展评价理论与评价方法等领域的研究文献,同时梳理相关理论,构建本研究的理论基础;第二步,建立实证模型,分别测度海南旅游业区位熵、空间基尼系数和主要行业区位熵,通过境内和境外两个维度的横向比较分析,把握海南旅游业集聚发展的现状和趋势;第三步,从海南市县旅游业区位熵、主要行业集中度两个维度,研究和刻画海南旅游业集聚的时空分异特征;第四步,基于前几章的定性分析和实证研究结论,分析影响海南旅游业集聚的因素,剖析海南加快旅游业集聚发展面临的矛盾、问题和挑战;第五步,就自贸港建设进程中加快海南旅游业集聚发展的目标、模式、路径、政策、环境、体制、机制、治理结构及制度安排等做出思考和提出建议。

第五节　研究方法与技术路线

一、研究方法

1. 质性研究。采用多种资料收集方法,通过深入访谈、针对性观察、实地调查和系统分析等,对自贸港建设与旅游业集聚发展之间的关系进行探究。使用归纳法分析资料,构思提炼理论观点,探讨海南省自贸港建设对海南旅游业发展的影响及其对集聚发展提出的新要求。

2. 实证研究。采用区位熵、空间基尼系数、主要行业集中度等指标定量评价海南旅游业集聚发展水平,把握海南旅游业集聚发展的现状和趋势,以及构建岭回归模型分析影响海南旅游业集聚的因素。区位熵通常用于考察某产业要素在特定区域空间内的布局情况,具体衡量某种产业的专业化程度,进而体现特定区域在更大范围产业体系中的位置和层次。空间基尼系数是衡量产业空间集聚程度指标的一种,由克鲁格曼在1991年提出,当时用于测算美国制造业行业的集聚程度,该方法应用较为广泛。行业集中度指的是前N家企业在特定行业特定市场的占有率,也称市场集中度,常用于衡量某个行业的市场集中程度,可以评价特定行业中的企业相对规模以及数量,是分析市场结构的核心指标。岭回归模型适合处理高维数据,可用来分析产业集聚的诸多影响因素。

3. 比较研究。通过我国其他省区市和境外知名自由贸易港两个维度的横向比较,分析海南旅游业集聚发展水平与境内其他省区市和境外知名自由贸易港的差距,研究可供海南借鉴的世界发达国家和地区建设自由贸易区和自由贸易港的经验,特别是以旅游业等为主导产业的自由贸易港建设的相关做法和经验。

二、技术路线

遵循"提出问题、分析问题、提出解决办法"的基本研究逻辑,本研究设计的技术路线如图 1.1 所示。

第六节 关键性问题

要实现本研究预设的核心研究目标和 5 个具体研究目标,必须首先解决几个关键性问题。

1. 必须通过对政策分析专家和旅游业界专家的深入访谈以及对旅游企业的深入调查,结合笔者对旅游业发展实践的针对性观察,采用系统思维方法,把自贸港建设看作系统工程,把旅游业集聚发展看作自贸港建设的重要子系统之一,按照系统思维的整体性、关联性、开放性和演化性原则,探讨自贸港建设系统与旅游业集聚发展子系统之间的相互联系和相互影响,由此分析海南省自贸港建设对旅游业发展理念、方向、目标、环境、要素、策略、重点等方面的影响,以及对海南旅游业集聚发展提出的新要求。这是能够进行深入研究的出发点和基本前提。

2. 必须收集到能够利用区位熵、行业集中度和空间基尼系数和岭回归估计系数的测算方法,具有整体性、代表性和可比性的数据,才能测度并比较分析海南旅游业集聚发展水平与境内其他省区市和境外知名自由贸易港的差距,刻画海南旅游业集聚的时空分异特征,从时间序列和空间分布上探究海南全省旅游业集聚发展程度、时空演进特征与规模经济契合度,分析影响海南旅游业集聚的因素。

3. 必须通过对旅游企业的深入调查研究,才能把握自贸港建设对海南旅游业发展的影响及其对集聚发展提出的新要求,分析海南旅游业按照这些新要求集聚发展面临的矛盾、问题和挑战,进而有针对性地提出对政府部门决策具有积极参考价值的思路和建议。

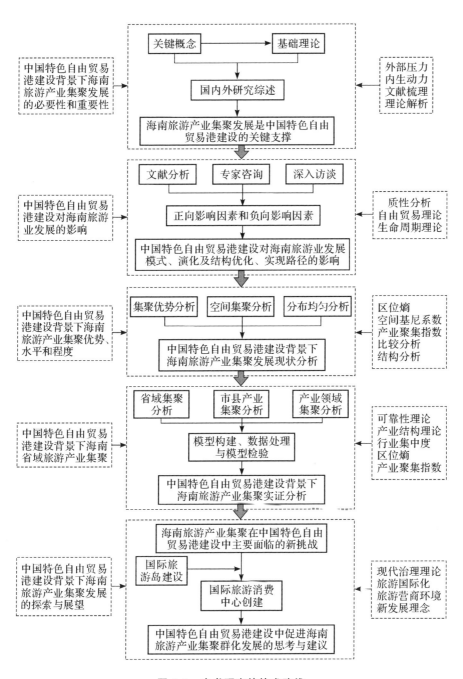

图 1.1 本书研究的技术路线

第七节　本章小结

　　本章以中国特色自由贸易港建设为背景,提出了需要通过定量评估、比较研究、建模实证等方法进一步深入研究的问题,讨论了研究这些问题的理论意义和实际应用价值,明确了研究目的、研究内容、研究思路和研究方法,设计了技术路线图,分析了需要解决的关键性问题和可望实现的创新点,形成了本研究的基本框架。

第二章 文献综述与理论基础

第一节 重要概念

一、中国特色自由贸易港

自由贸易港是在一个国家或其特定地区范围内,允许其他国家或者地区的资金、货物、人员等生产要素自由进出的港口区。在自由贸易港内,任何进出口的货物全部或者大部分货物免征关税,开展制造、加工、运输、展览等业务活动。自由贸易港是全球开放标准最高的港口区,资金、货物、人员等自由进出,营商环境便利化和贸易服务全球化水平均高于其他形式的境内关外特殊经济功能区。我国香港是全球公认的第一个自由贸易港,与迪拜、新加坡并称为具有代表性的全球三大自由贸易港。

海南探索建立的自由贸易港,不是一般意义上的自由贸易港,而是强调具有中国特色的自由贸易港。与一般自由贸易港相比,中国特色自由贸易港是突出党对自由贸易港建设统一领导、适应特定区域发展需求并与国内市场产生辐射联动、体现"离岸"特点、制度创新功能进一步增强、与"一带一路"倡议紧密结合、依托于中国市场而设立的自贸港。

作为具有中国特色的自贸港,海南自贸港的发展战略目标是坚持党的领导,以中国特色社会主义制度为基础,以共享中国发展机遇为理念,吸引全球资本参与海南的建设发展,为海南经济社会发展创造更多契机,打造具有示范效应的全球开放水平最高、最具国际竞争力、最有特点的开放平台,建设我国面对印度洋和太平洋的开放窗口、面向全球的国际服务贸易中心、具有全球影响力的国际旅游消费中心、21 世纪海上丝绸之路的主要战略支点。

世界上绝大多数自由贸易港是以加工制造、低税或免税进出口贸易为主。但是,海南本身不具备建成双向交流的现代科技与工业相结合的商品贸易基地的条件。海南探索建立的全国首个中国特色自由贸易港,是以旅游业、现代服务业和高新技术产业为主体的服务贸易自由港,其特点是以人流为主体,通过人流带动特色商品流、资金流和信息流。其中,这里的人流由旅游、教育、医疗保健、住宿、餐饮、文化娱乐、房地产、商品零售、通信、信息、金融、物流、批发、电子商务、中介、咨询等服务供给主体和消费群体自由进出形成。

习近平(2018)指出,海南必须立足自身优势,重点发展以现代服务业、旅游业、高新技术产业为主导的三大核心产业,以推动人的全面发展为契机,全面激发个人的创新活力和发展潜力;要加强互联网、旅游、金融、医疗金融、现代会展服务为核心的现代服务业,从而不断提升服务贸易的创新水平,以海南为试点,全面推动我国服务业发展,构建以服务型经济为核心的产业体系,建立依托于全球化的产业结构。这是海南自贸港建设的产业定位和产业特色。最高水平开放环境与旅游业、高新技术产业、现代服务业为主导的产业结构相结合,将为海南重点发展旅游业和打造具有全球影响力的"国际旅游消费中心"创造得天独厚的产业环境和政策制度环境。

2020 年 6 月,《海南自由贸易港建设总体方案》指出了海南建设自贸港的五大原则:一是借鉴国际经验。坚持高起点谋划、高标准建设,主动适应国际经贸规则重构新趋势,充分学习借鉴国际自由贸易港的先进经营方式、管理方法和制度安排,形成具有国际竞争力的开放政策和制度,加快建立开放型经济新体制,增强区域辐射带动作用,打造我国深度融入全球经济体系的前沿地带。二是体现中国特色。坚持党的集中统一领导,坚持中国特色社会主义道路,坚持以人民为中心,践行社会主义核心价值观,确保海南自由贸易港建设的正确方向。充分发挥全国上下一盘棋和集中力量办大事的制度优势,调动各方面积极性和创造性,集聚全球优质生产要素,着力在推动制度创新、培育增长动能、构建全面开放新格局等方面取得新突破,为实现国家战略目标提供坚实支撑。加强与东南亚国家交流合作,促进与粤港澳大湾区联动发展。三是符合海南定位。紧紧围绕国家赋予海南建设全面深化改革开放试验区、国家生态文明试验区、国际旅游消费中心和国家重大战略服务保障区的战略定位,充分发挥海南自然资源丰富、地理区位独特以及背靠超大规模国内市场和腹地经济等优势,抢抓全球新一轮科技革命和产业变革重要机遇,聚焦发展旅游业、现代服务业和高新技术产业,加快培育具有海南特色的合作竞争新优势。四是突出改革创新。强化改革创新意识,赋予海南更大改革自主权,支持海南全方位大力度推进改革创新,积极探索建立适应自由贸易港建设的更加灵活高效的法律法规、监管模式和管理体制,下大力气破除阻碍生产要素流动的体制机制障碍。深入推进商品和要素流动性开放,加快推动规则等制度型开放,以高水平开放带动改革全面深化。加强改革系统集成,注重协调推进,使各方面创新举措相互配合、相得益彰,提高改革创新的整体效益。五是坚持底线思维。坚持稳扎稳打、步步为营,统筹安排好开放节奏和进度,成熟一项推出一项,不急于求成、急功近利。深入推进简政放权、放管结合、优化服务,全面推行准入便利、依法过程监管的制度体系,建立与国际接轨的监管标准和规范制度。加强重大风险识别和系统性风险防范,建立健全风险防控配套措施。完善重大疫情防控体制机制,健全公共卫生应急管理体系。开展常态化评估工作,及时纠偏纠错,确保海南自由贸易港建设方向正确、健康发展。

二、海南国际旅游消费中心

就定位而言,海南国际旅游消费中心不是一般意义上的国际旅游消费中心,而是具有全球市场号召力的旅游消费城市,是中国特色社会主义高质量经济发展在海南的重要尝试,是建设中国特色自由港的重要基础支撑。建设国际旅游消费中心,不但是发展环境的优化,还是经营体制的创新,通过不断扩展旅游消费新市场,围绕旅游消费的新领域拓展和新业态培育,发现新的消费热点,提升旅游消费吸引力,进一步激发市场消费潜力,探索消费型经济新的发展模式。

国家发改委2018年底出台的《海南省建设国际旅游消费中心的实施方案》强调,建设海南国际旅游消费中心,旨在"深入推进国际旅游岛建设,优化发展环境,创新发展体制,通过不断扩展旅游消费新市场,重点发展旅游消费新领域、新业态,培育新的发展热点,提升旅游消费,进一步激发市场消费潜力,探索消费型经济的发展模式,逐步形成品牌聚集、业态成熟、气候宜人、环境舒适、生态环境相对较好的国际旅游消费胜地"。

海南国际旅游消费中心的建设必须依托国家全面深化改革开放试验区建设,遵循总体筹划、分步实施、率先突破、逐步完善的原则,更加注重高质量发展、改革系统集成,建设国际一流营商环境,借鉴学习国内外自贸港建设的成功经验;充分发挥独立地理单元的区位优势和全岛试点的整体优势,增强制度创新的整体性、协同性,在风险可控的基础上进一步加大在服务业创新发展、贸易监管模式创新、金融开放创新和行政管理职能与流程优化等方面的压力测试,充分彰显全面深化改革和扩大开放"试验田"作用;必须依托国家生态文明试验区建设,健全生态环境资源监管体系,着力提升生态环境治理能力,构建起以巩固提升生态环境质量为重点、与自由贸易试验区和中国特色自由贸易港定位相适应的生态文明制度体系;坚持统筹陆海空间,重视以海定陆,协调匹配好陆海主体功能定位、空间格局划定和用途管控,建立陆海统筹的生态系统保护修复和污染防治区域联动机制,促进陆海一体化保护和发展。深化省域"多规合一"改革,构建高效统一的规划管理体系,健全国土空间开发保护制度;探索生态产品价值实现机制,增强自我造血功能和发展能力,实现生态文明建设、生态产业化、脱贫攻坚、乡村振兴协同推进,努力把绿水青山所蕴含的生态产品价值转化为金山银山;建设"清洁能源岛",大幅提高新能源比重,实行能源消费总量和强度双控,提高能源利用效率,优化调整能源结构,构建安全、绿色、集约、高效的清洁能源供应体系。实施碳排放控制,积极应对气候变化。要以建设具有全球影响力和号召力的国际知名旅游胜地为目标,大力发展旅游消费业态的新模式,不断提升服务质量和服务水平,打造全球著名的国际旅游消费胜地。

海南大力发展国际旅游消费中心,归根结底是因为旅游消费发展空间不断扩展,旅游消费新业态不断丰富,享有更加开放便利的离岛免税政策,拥有全球免税购物中心、时尚消费中心、世界美食中心和高端消费品设计展示交易中心;邮轮旅游、游艇旅游、低空旅游、海岛旅游、健康旅游、文化旅游、会展节庆旅游、体育旅游、全域旅游等国际旅游产品供给不断丰富提升,拥有高标准大型消费商圈、"互联网+"消费生态网络;建立健全以旅游消费为核心,具有高度智能化基础设施的旅游消费体系和生态体系,建立相对完善的市场监管体系;通过构建具有先进消费理念的消费模式,营造一种适应国际化需求的旅游保障体系,推出全方位的旅游标准体系,提高旅游消费规范化、国际化、法治化水平,建立便捷高效的国际旅游出入境管理机制,提升国际游客入境便利化、旅游人力资源国际化、旅游对外交往合作水平,建成全球一流的国际旅游消费中心。

第二节　文献综述

一、国内外关于自由贸易港内涵及特征的研究文献

对自由贸易的探索肇始于近代法国马赛港等,目的主要是依托港口区域发展货物自由贸易。此后,随着以 WTO 等为代表的全球化发展进程不断加快,欧盟一体化、北美自贸区、中国—东盟自贸区等以双边或多边协定为核心的自由贸易区成为主流。近 20 年来,新兴经济体不断崛起,自由贸易试验区得到广泛关注和重点发展。

2013 年 9 月至今,作为改革开放不断深化的重要尝试,我国自贸试验区数量已经达到 18 个。这些自由贸易试验区在投资贸易便利化、金融开放创新、事中事后监管、服务国家战略等领域先行先试、大胆创新,为全面深化改革、推动高水平对外开放积累了宝贵经验,很多制度创新成果具有全国普及的价值,对丁探索和深化改革开放路径具有重要意义。

打造新时代改革深化和开放扩大试验区,有利于构造高水平、高标准开放的全新发展格局。2013 年以来全面推动自贸试验区的改革开放,把更多的改革自主权赋予自贸试验区,为中国特色自贸港建设和发展创造了良好的外部条件。2018 年习近平总书记宣布党中央决定支持海南逐步探索、稳步推进中国特色自由贸易港建设,分步骤、分阶段建立自由贸易港政策和制度体系,由此中国特色自由贸易港成为学界研究的热点课题。

刘重(2007)认为,自由贸易港是一个国家或其特定地区以重要港口为核心,通过扩展周边区域而形成的封闭地带,使其作为一个具有特殊性质的经济

特区,实施更具竞争力的贸易投资便利化政策和制度。自由贸易港的功能定位和类型划分主要由其所在的区位条件与进出口贸易量决定。

迟福林(2018)认为,海南自贸港制度框架应包括以简税制、低税率、零关税为突出特点的财税制度,以资本自由流动为目标的金融体制,以及"一线彻底放开、二线高效管住、区内高度自由"的海关特殊监管体制。

郭兴艳(2013)全面系统分析了香港在资金、市场、企业等经济要素的实际运行模式后认为,其贸易规则和投资规则与国际规则高度契合,是香港成为全世界最开放的自由贸易港的一个原因。

赵晓雷(2017)认为,自由贸易港是比自贸试验区开放水平更高的经济功能区,建设自贸港的根本目标是建立规范化的市场体系,最大限度地防控腐败,为不同国家不同背景不同领域的商人提供更加自由、包容、开放的交易环境。自贸港应普遍遵循开放、自由、非歧视和服务型政府理念。自贸港是一个国家境内开放水平最高的地区,是一个不包括海关管理关卡在内的特定区域,旨在实现资源、资金、人才等经济要素的自由流动。

黄思华(2018)认为,自贸港作为全面开放的新高地,是全球范围内标准最高的开放区域,需要在市场准入、税务征管、金融制度等方面进行特殊的政策设计和制度安排。

秦诗立(2018)认为,自贸港是国家繁荣发展的必经之路,通过从自贸试验区建设到开放标准更高的自贸港探索和实践,我国改革开放水平将不断提升,能为现代经济体的发展创造良好环境,提升我国开放型经济的发展水平,形成我国经济发展新动能。自贸港建设将进一步放宽现代服务业经济要素的流动限制,海南的高科技产业、生态农业、旅游业及其相关现代服务业等也将迎来新的发展机遇。

王胜(2018)研究了自由贸易港的发展阶段后认为,我国现阶段正在发展更高标准的现代化开放型经济,无论是促进内部市场需求,还是推动与全球市场规则的对接,自贸港都将发挥重要作用。因此,自贸港建设在我国产业转型升级过程中具有重要地位。建设中国特色自由贸易港的目标是强化丝绸之路经济带和21世纪海上丝绸之路建设的战略性支点,打造高水平开放引领高质量发展的样板。海南自贸港的地理位置非常重要,既有利于推动"一带一路"

沿线国家和地区之间的经济联动合作,也有利于提升我国投资和贸易的自由开放程度,推动国内外经济要素的自由流动,有助于我国走向亚太,在更大范围内开拓市场,进一步巩固和提升我国经济综合实力。

余南平(2018)研究发现,自贸港的发展历程包括中转型、综合服务型和加工增值型三个阶段,其中,中转型自由贸易港在全球范围的代表性地区是迪拜,综合服务型自由贸易港的代表城市是我国香港。在全球范围,自由贸易港的综合服务型发展模式目前已经成为具有范式意义的发展方向,在发挥航运、中转、加工贸易、(高新)工业制造等功能的同时,还发挥着贸易综合服务功能,甚至包括研发承载功能。他强调,我国从自贸试验区到自由贸易港的探索实践,将不断提升我国对外开放的标准和水平。自由贸易港建设的首要任务是摸索制度创新,利用好政策红利。

贾大山(2018)研究发现,中国建设的自由贸易港的港口群格局已显雏形,如辽宁港口群、津冀港口群、山东港口群、长三角港口群、海峡西岸港口群和珠三角港口群等。他认为,海南既要汲取香港自由贸易港的成功经验,更要根据海南自身定位和特点,有效利用移动互联网、大数据和人工智能等新技术,推动制度变革,加快探索建设中国特色自由贸易港的制度体系。

Muzwardi(2007)从政治和国际关系视角研究后认为,自由贸易港就是在特定范围内,不包括海关关卡在内的封闭区域,涵盖了智能化基础设施、行政职能部门、特定服务的建筑物和具体机构。现阶段,自贸港涵盖生产、服务、交通、物流、运输等产业,具有现代服务产业的典型特征。他指出,自由贸易港可选择港口或机场附近以保证货物与原料的便捷供应。自由贸易港可以分为私人、公共和混合三类。公共自由贸易港是在一个封闭的区域内建立起来的,而私人自由贸易港则可以位于全国任何一个地方。公共和私人自由贸易港享有同样的政策、规章和福利。但两者也存在本质差异,投资者在私人自贸港需要自行购置土地,而在公共自由贸易港则从政府租赁土地,两者前期投资成本相差很大。根据这一理论,自由贸易港是刺激企业活动的特定区域。

Bost(2011)认为,自贸港不受特定区域所在国家或者地区管理体制的约束。换言之,自贸港具有不同的规模边界,其土地不被看作东道国海关关内的领土,而应被视为东道国海关之外的土地。自由贸易港独特的自由贸易地位,象征着更大的自由贸易利益。从经济地理和国家主权的角度看,自由贸易港意味着部分海关主权被转移,应该是一个经济飞地。目前,许多国家和地区的自由贸易港基本都符合这一定义。

可见,自由贸易港是高度开放和资源配置高度自由的特定区域,通过规则、管理和标准等制度性开放,形成全面开放的新格局,营造与国际先进水平衔接的商业经贸规则体系,加快打造市场化、法治化、国际化营商环境,加快形成与国际投资、贸易通行规则相衔接的基本制度体系和监管模式,让市场充分发挥资源配置的决定性作用,促进货物、人员、资金、技术等要素自由便利流动,最大限度地降低制度性交易成本,加快产业升级转型,促进区域经济发展,实现高质量发展。

二、国内外关于旅游业集聚发展的研究文献

(一)旅游业集聚的成因

产业集聚是在某个领域内大量具有密切关系的企业或者特定机构在产业或者空间的聚集过程。现有的研究成果大多集中在制造业和高新技术产业上。但是,作为第三产业的旅游业也存在明显的集聚现象。地理接近性、产业内部企业和各要素之间的联结性是旅游业集聚的最根本特征。

邓冰(2004)认为,旅游业本身是集吃、住、行、游、购、娱为一体的产业集群。在讨论区位论应用于区域旅游规划的意义时,他分析了旅游集聚效应的成因;在探讨桂林旅游业发展时,他提出了"旅游业集群"的概念。他认为,旅游点在特定环境中形成集聚,而不同的旅游点集聚形成特定旅游区。他将波特的集群理论应用到旅游业集聚发展研究中,对旅游业集群的形成与发展进行了系统研究。由于旅游业的综合特征,旅游业集群的形成不可能是单一因素引发的结果。旅游业如果要发生产业集聚效应,必须满足特定条件。换言之,旅游目的地的企业在空间和产业布局方面具有显著的集聚效应,在产品或者服务的提供过程中,旅游目的地的企业之间相互配合,产业联系紧密。

尹贻梅等(2006)分析了旅游业集聚效应及其成因后指出,旅游业的核心属性表明,所有相关企业都具有集聚的趋势和潜力。旅游业集聚的动因在于旅游者的多元消费需求与旅游业适应旅游者多元消费需求的特殊要求。旅游

业本身就是一种产业集群,将旅游产品和旅游服务深度融合便是旅游业发展的关键。旅游业集群是提升旅游业竞争力的一种新战略模式。

景秀艳(2005)指出,比较有代表性的理论认为,旅游业集聚现象最有可能发生在大城市的高级游憩商业区(recreational business district),以及吸引力强的度假区和风景区,因为旅行社、旅游餐饮及娱乐、旅游商品企业及旅游交通企业等在区位选择上都会倾向于客源市场和旅游景区(点)。

付琦(2008)对旅游业集群形成的原因和发展历程进行深度剖析后认为,可以从时间、空间、功能、战略理念四个视角分析旅游业集群的发展特征。旅游业集群整合产业链、地理空间、发展演变和战略理念。他以大九寨国际旅游区为例,全面剖析了旅游业集群在发展过程中出现的问题,分析了问题成因,提出针对性的改进策略。

冯卫红(2009)调查了平遥古城旅游企业的发展历程和发展动因,包括内外部经济环境、发展特征、政府的统筹规划和战略政策等,认为上述三种因素的共同作用促进了旅游业集聚。

饶品样等(2009)在吸收基于资源观及其理论研究成果的基础上,通过对旅游业集群企业共享性资源与其来源之间的互动和转换关系的讨论,提出旅游业集群企业共享性资源的划分维度、动态演化过程、动态演化的动力及运行机制等问题,展开对旅游业集群共享性资源动态演化机制的研究。

王兆峰(2009)在分析旅游业集群的宏观、中观和微观特征及各种网络结构后提出,要提高一个地区的旅游业竞争力,必须打造特定地域的旅游核心吸引物,围绕核心吸引物组成一个以企业集聚为核心的服务产业休系,在合作互联的基础上不断提升合作互动水平,提升旅游服务创新能力,打造旅游目的地综合竞争力,发展旅游业集群。

杨庆辉(2016)通过分析郑武高铁对沿线站点城市旅游业集聚的影响,论证了高铁的开通有力促进大城市旅游业的集聚发展,使大城市成为旅游业要素集聚的中心。

郑钧(2017)认为,旅游业集聚对旅游资源有很大的依赖性,自然资源禀赋的差异性会导致旅游业集聚效力的不同,其中,旅游业核心资源具有更高的资源禀赋,会吸引更多相关旅游企业在空间上集中,从而形成集聚效应。此外,客源区位优势也是旅游业集聚的重要原因之一。

欧盟(1997)认为,产业集群理论在早期主要应用于制造业和高新技术产业。由于旅游业不同行业间的紧密联系与共同成长特征明显,旅游集群近年来已成为旅游业界和经济学界研究的热点。越来越多的学者认为,产业集聚在某种程度上是经济发展的一种必然趋势,由此带来产业集群。旅游业集聚效应研究应向旅游相关的服务业延伸,才能探究旅游业集群发展的主要路径,提出促进旅游业集聚发展的新思路。

Visser(1999)基于产业集群理论,通过构建南非旅游集群钻石模型,从吸引力、游客、供给层、辅助层等要素方面分析了旅游业集群的形成原因。

Novelli(2006)将产业集群划分为功能集群、空间集群和战略集群等三种相互联系的类型,进而运用钻石模型分析旅游业集群化发展需要具备的条件,并提出主题型旅游集群概念。以奥地利"山地康体运动"旅游业集群为例,发现满足游客需求多样化和个性化是旅游集聚的重要成因。

Jackson(2005)认为,中央和省级政府、地方经贸及商业组织可以在旅游企业之间的关系正规化和制度化方面发挥重要的促进作用,以确保旅游业集群的长期生存和发展。

Jackson(2006)研究发现,商业发展可以促进旅游业集聚,特别是在某些有着得天独厚的地理优势和多元化企业的地区。

Flowers(2006)认为,集聚是集群的初始阶段,是集群形成的基础,是同一部门产业、企业和相关机构在一定地理范围内的集中。集群是指在一定地理区域内形成一大批专业化企业和相关机构。

Hjalager(2007)认为,分析旅游业集聚成因有助于发现旅游目的地的结构及存在的问题,集群与企业联盟能够提高企业和整个产业的竞争力。研究表明,产业集群理论对区域旅游业发展具有重要指导作用,旅游资源的比较优势通过产业集群可以转化为竞争优势。

Gardiner(2014)认为,专注于个人而不是企业,是建立一个成功旅游集群的重要因素,拥有热情和忠诚的参与人员对促成旅游业集群至关重要。

Gavilán(2015)发现,旅游需求空间分布并不均衡,主要集中在经济发达、人口众多的地区。因此,旅游业集聚在很大程度上必须依托重要客源市场。

Porter(2018)认为,传统上区分高技术和低技术、制造业和服务业,对产业集群研究的意义不大,产业集群的竞争力与产业的性质和类型没有直接关系,任何工业,只要有训练有素的人员和先进技术的应用,都能提高生产力。旅游、纺织、农业、化工四大产业被当作最适合集群发展的四大产业。对美国南卡罗莱纳州旅游业发展情况的研究表明,旅游业之所以形成产业集聚是因为集聚后具有更大的竞争优势,产业集群效应非常明显。因此,旅游业集群的培育和发展应该成为一个国家和地区的重要目标。

上述研究文献表明,旅游业集聚度指的是在某一区域内,旅游景区、旅游饭店、旅游游乐设施以及其他配套设施的集聚程度,即一定空间范围内旅游要素的多寡。旅游产业集聚发展能够优化产业结构,带动该区域相关产业发展。区域产业结构变化的一般规律是服务经济占比不断上升。作为服务业领域的重要行业,旅游业的区域集聚可以优化区域经济结构,促进区域经济发展。旅游业关联产业众多,能够有效驱动其他产业发展。作为劳动密集型产业,旅游业的区域集聚发展能够给特定地区创造大量就业机会;还能使外界通过旅游了解本地区资源禀赋及其优势,促进本地区和其他地区之间的合作,带来其他地区的资本、人才、技术等生产要素,促进区域经济增长。影响旅游业集聚的因素主要有资源禀赋、旅游设施、区位等内部要素及政策制度与旅游环境等环境因素,其高度依赖于自然禀赋、核心吸引物吸引力、交通的便利性、政府推动、旅游企业配合度、旅游服务创新、旅游商业发展、客源市场等。

(二)旅游业集聚的动力

彭华(1999)在研究旅游业集聚动力后提出,城市旅游发展与旅游业的三大要素——旅游资源、旅游设施和旅游服务息息相关。与此同时,城市基础设施建设情况、城市环境、发展条件等对旅游业集聚发展有重要影响。他认为,城市旅游业的发展模式有资源驱动型、需求驱动型、经济驱动型和综合驱动型等四种类型。与城市区域之外的旅游业集群相比,城市旅游业集聚发展具有得天独厚的优势。城市旅游业会沿着从旅游门户到旅游集散中心再到旅游目的地和客源地的集合体发展路径演化升级。旅游产品或者服务具有生产和消费的同时性,同时具有较高的时效性。通常情况下,只有人口数量和经济要素达到一定规模,才能形成稳定的内生性市场。换言之,城市资源、要素和人口积累是城市旅游业集聚发展的前提条件,而规模报酬增加和外部经济发展则会促进旅游业的持续扩张和结构升级。

麻学锋(2010)认为,我国城镇化进程和旅游业集聚效应具有显著的相关性,两者互相融合,互相作用,共同推动城市经济发展水平提升。通常情况下,旅游业集聚有利于城市扩张,城市旅游资源位置和城市交通状况构成城市旅游业竞争力。城市旅游资源禀赋是城市旅游业发展的最大动力,但城市旅游业发展不但与旅游资源绝对价值息息相关,还与旅游资源相对价值息息相关。换言之,城市旅游资源和周边旅游资源在各个层面上的深度融合,是促成旅游资源集聚的重要条件,而影响城市旅游资源集聚的因素包括交通路线、区位条件和文化习俗等。

胡晨光等(2011)认为,产业集聚动力主要源于内部、外部和机制等。城市化、地域化和核心—边缘化等都是产业集聚动力的主要来源,内生动力和外部环境动力是产业集聚动力的主要存在形态,只有在内外部动力共同驱动下,才能形成产业在某一特定空间区域或时间序列上的集聚。

王丽铭(2011)以国内典型旅游业集聚区为例,用主成分分析法深度剖析旅游业集聚发展的驱动机制,并提出了社会导向、产业关联和市场调节等动力机制。

何建民等(2011)认为,从实践上看,旅游业集聚区是市场经济在特定阶段形成的一种经济现象,是区域经济资源配置的一种全新水平。现阶段旅游业在空间和区域范围内的聚集在区域经济发展中的地位和作用不断提升。他们指出,各地经济基础不同,旅游业与其他产业发展不平衡,既需要根据理论模型,也需要结合当地旅游业集聚区发展的背景条件,将理论运用到实践中去。

张英(2012)建立了旅游业集聚发展动力模型和评价指标体系,具体评价了北京、广州、深圳和桂林旅游业集聚的动力机制。研究结果表明,北京作为旅游城市,其旅游业集聚模式是典型的综合驱动型;广州作为旅游城市,其旅游业集聚模式主要是经济驱动型;深圳作为旅游城市,其旅游业集聚模式主要是需求驱动型;桂林作为旅游城市,其旅游业集聚模式主要是资源驱动型。该研究从多个视角深度剖析了城市旅游集聚动力,深刻揭示了旅游业集聚发展的规律,发现了旅游业集聚发展的动力机制。

马晓龙等(2014)发现,旅游业集聚主要在旅游业与旅游目的地之间的互动中发生。旅游目的地品牌形象的打造及其外溢效应的发挥,主要通过要素驱动和品牌驱动实现旅游业集聚。城市旅游业集聚发展不但受传统旅游要素的影响,与新经济和新热点相适应的旅游新要素也日益成为旅游业集聚化和品牌化发展的重要动力,通过扩张效应和集聚效应的相互作用驱动旅游业集聚。

刘少和(2014)基于产业集聚理论,对旅游业集聚动力进行了系统研究。结果发现,旅游业集聚除受到产业集聚成本—效益机制约束之外,还明显受到核心旅游品牌溢出效应的影响。因此,品牌形象吸引力、集聚机制、品牌价值延伸、溢价机制等都是旅游业集聚的动力。

Jackson(2005)认为,政府部门最初的参与可以促进旅游业集聚发展,但已建立起来的旅游集群的发展动力,应该来自集群中的实体企业。

Porter(1990)从"外部经济"的角度来探讨旅游业集聚动力。他认为,旅游业集群中的专业知识、专业设备、原材料供应、交通运输和技术扩散等"外部经济",促成了旅游企业在地理上的集中和相互依存。在其《产业集聚动力理论》一书中,他将动力因素划分成集聚因素和区域因素。他还认为,在旅游业集聚发展的第一阶段,旅游企业不断扩张是集聚动力;而在旅游业集聚发展的第二阶段,相关企业以关联性组织为基础形成具有高度秩序的集聚,从而达到高水平和高标准的集聚发展。

Gunn(1998)等以旅游业的内涵为切入点,以企业战略目标、发展规划等为宏观视角,研究旅游业集聚的动力。他们认为,城市经济和旅游业息息相关、相辅相成、互相依存。城市经济发展与居民收入水平的不断提升,为周边旅游业集聚发展提供充足的市场支持。城市经济增长带来居民可支配收入水平的相应提高,收入提升带动包括旅游在内的一系列服务型消费,进而推动城市旅游业集聚发展。与此同时,城市经济发展促进城市产业结构的高度化。第一、第二产业在国民经济体系中的占比相应降低,而第三产业比重相应提升,服务业逐步在城市经济和产业中处于主导地位,进而为旅游业发展提供良好条件。

Ashworth(2013)的研究显示,旅游企业改善自身绩效的努力是推动旅游业聚集发展的主要动力。随着现代服务产业的高速发展,旅游业进入成长阶段,很多基础性部门已经完成现代化转型。为满足市场发展需求,传统旅游企业只有不断转变经营理念,优化经营模式,才能加速推动旅游业转型发展。现代企业的外包理念,以及工业化后期的产业延伸,催生旅游业目标市场群体的生产化。在这种背景下,会展旅游、激励旅游、培训旅游、商务旅游等生产型旅游服务高速发展,旅游业的基本内涵已经发生重大改变,逐渐成为以现代科学技术特别是信息网络技术为主要支撑,以新的商业模式、服务方式和管理方法为重要基础的现代服务业。现代服务业的发展带动了旅游相关产业发展。为了提高市场竞争能力,旅游业与现代科学技术特别是信息网络技术产业进行融合,促进了旅游业集聚效应的不断提升。

根据上述研究文献,旅游业集聚的动力可归纳为两种因素,即市场因素和政府因素。其中,市场因素包含资源、客源、区位等方面的内容;政府因素则主要是指政府的推动,包括政策支持、城市规划等。

(三)旅游业集聚的发展路径

李瑶亭(2013)认为,在旅游业集聚的各个环节,政府、行业、企业、居民等相关利益者会自动形成自组织系统,即消除外部干扰的组织系统。这是一个内部组织根据彼此的本质属性,按照自己的职责,协调一致地聚集成有序结构的过程。与传统组织系统模式相比,自组织系统的发展过程具有螺旋式、独立化特征。通常情况下,外部环境因素的干扰,会诱发各个层面的利益冲突,进而对资源配置效率造成较大的负面影响,不利于旅游业集聚效应的产生。

刘少和(2014)根据产业集聚理论系统分析了区域旅游业集聚与转型升级的路径,即从景区组团式集聚到要素配套式集聚再到产业集群式集聚。

刘少和(2015)通过对环大珠三角城市(群)游憩带上广东各市在建、待建山海旅游产业园区的实地调研及其规划文本分析,发现在南部滨海休闲游憩带与北部山区生态游憩带上,旅游业集聚发展成为趋势,已从单纯资源景区组团式集聚(资源景区组团)发展到度假要素配套式集聚(度假娱憩综合体),乃至旅游业集群式集聚(旅游产业园区)阶段,反映了资源、资本、智力等因素的不同作用,并在依赖资源环境、城镇的基础上,通过市场和政府的双重作用,促成了观光游览型、度假娱憩型、文化创意型、装备制造型等旅游业集聚发展模式。

马晓龙(2014)在研究旅游产业园区发展过程中引入集群生命周期理论,分别明确了产业集聚区的管理与运作主体,并选择以管理主体和运营主体的矛盾性和制衡性为主线,这一尝试对研究旅游业集聚的发展路径有着重大意义。

李维维(2016)根据旅游业集聚的形成原因和发展历程特征,结合集群生命周期理论,将旅游业集聚的发展路径分为以下三个阶段:第一阶段是初创期。产业集聚以旅游为主导规划项目建设,这是旅游业集聚的雏形阶段。第二阶段是旅游业集聚的生长期。这一阶段各旅游产业投资公司为旅游、展览、影视、表演艺术的发展确立市场定位,形成一定的旅游业集聚规模并开始稳定成长。第三阶段是旅游业集聚的成熟期。这一阶段旅游业资源配置基本齐备,开始向多元化方向创新发展,建设高端智能化的基础设施,聚集相关行业的优势产业,形成具有指导意义和借鉴意义的范式园区。在成熟阶段,产业集聚会遭遇发展瓶颈。鉴于涉及的制约因素相对较多,产业集聚发展速度趋于平缓。

Gunn(1988)认为,纵观旅游业集聚的发展路径,第一个阶段始于20世纪中叶。在这个阶段,旅游业处于相对无序的状态,主导产业缺失,政府和社区负责创建并管理,具有非营利性质。在第二阶段,经营主体呈现多元化趋势,在产业集聚中发挥巨大作用。作为负责网络和信息支持的政府部门,虽然难以确定旅游业集聚的性质,但已经推动主导产业基本形成,旅游业发展开始呈现多元化趋势,经营模式也呈现多元化,涌现出大量成熟的产业区。产业区建设管理主体为入驻企业提供办公场所和设施,提供管理咨询服务,通过创业者与风险投资的结合,促进巨额资金与大量新公司相结合,并吸引大批优秀人才加盟。

Leiper(1990)认为,英国、美国、德国、法国、日本等发达国家旅游业发展较早,实力雄厚,这些国家的旅游业集聚发展已经进入了以旅游产业园区为标志的成熟期。随着发达国家的成功实践,印度、巴西等发展中国家也高度重视旅游产业园区的发展,为旅游业集聚提供了良好条件和环境。在旅游产业园区高速发展的背景下,旅游业集聚已经成为一种不可逆转的趋势。现阶段,旅游业集聚区主要集中在欧美以及部分亚洲国家,例如文化产业园区、好莱坞旅游文化园区、美国迪士尼乐园、百老汇戏剧旅游和韩国民俗村等。

旅游业集聚在不同阶段有不同的特征。在发展早期,旅游业集聚主要以景区组团式集聚为主;发展中期以要素配套式集聚为主;发展后期以产业融合式集聚为主。旅游产业集聚归纳为两种模式:市场驱动模式和政府驱动模式。

其中,市场驱动模式主要包括旅游资源驱动、客源市场驱动、交通区位驱动等;政府驱动模式则主要是指政策的引导。旅游产业集聚的动力机制是旅游产业集聚路径的决定因素,机制与路径模式相匹配,才能发挥出产业集聚的效用。

（四）旅游业集聚的评价理论与评价方法

张清河(2005)认为,旅游业集聚的首个要素包括大型场馆、建筑遗址、历史景观、歌剧院等重要景观建筑。第二要素包括娱乐、购物、餐饮等相关服务。上述要素是评价旅游业集聚发展水平的重要指标。

史春云(2007)以旅游吸引要素为视角,发现旅游业集聚地的旅游设施、配套设施和旅游服务,是游客量上升→游客量下降→旅游业重新"洗牌与更新"的重要影响因素。因此,他主张用旅游吸引要素和市场需求来评价一个国家或地区的旅游业集聚发展水平。

王祖正(2007)构建了旅游目的地魅力度评价指标体系,对旅游业的集聚发展水平进行了评价,评价指标涵盖活动、资源、环境和设施。

王兆峰等(2009)在产业集聚和产业联系两个视角下,研究了旅游业集聚的准确识别和定量评价方法。

邬振华等(2010)选择区域集聚度、区位熵以及产业基尼系数等指标,评价了长三角区域旅游业集聚水平,在分析旅游业集聚发展面临的问题的基础上,提出了具体建议。

曾琪洁(2012)认为,评价一个地区旅游业集聚发展水平应该考虑的影响因素,不能只限于资源模型,还应包括持续活力、社会、文化、科技信息发展、城市形象建设、旅游环境建设等因素,注重社会、经济、文化等领域抽象吸引力因素的运用。

王凯等(2013)依据我国 31 个省区市(不包括港澳台)的相关数据,通过基尼系数等指标分析了产业集聚与产业绩效之间的内在关联。

谢燕娜等(2013)以河南省为案例,论证了旅游业集聚的四种模式,主张用区位熵来评价和研究旅游业集聚度。

付业勤等(2013)采用赫芬达尔—赫希曼指数,利用 1996—2011 年福建省各地市入境游客数据,实证分析了福建省旅游业在空间上的集聚发展趋势。

刘佳(2017)利用山东 17 个地级市 2005—2014 年旅游消费数据,采用空间基尼系数等指标进行时序产业和位序变动实证分析,具体考察了山东旅游消费十分明显的集聚发展特征和空间分布格局。

李丹丹等(2015)采用 EG 指数,从区域和部门两大维度实证分析了2002—2013 年全国旅游业集聚度,发现我国旅游业集聚发展的基本态势——东部沿海地区集聚度最高,中西部地区旅游业集聚水平相对较低且集聚速度缓慢,东北地区旅游业集聚度处于中等水平。

贺小荣等(2018)采用产业聚集指数方法,实证分析了 2008—2017 年湖南旅游业与国民经济之间的关系,发现旅游业集聚对区域经济发展的带动效应非常显著,是区域经济发展的核心基础,也是驱动地区经济发展的重要动力。

何学海(2017)以贵阳市为研究对象,采用竞争态势理论,以产业区位熵为评价指标,测算了贵阳市旅游业集聚水平,并分析和刻画了该市旅游业的竞争态势。

Law(2002)通过构建涵盖旅游数量、景点规模、信息推广等在内的旅游业分析系统发现,资源、经济和社会等因素构成的外部环境影响旅游系统的功能结构,旅游资源禀赋对旅游业集聚发展具有综合性影响,自然文化、环境因素、工业组织、相关辅助部门和政府法规在旅游业集聚发展中具有不同的功能。根据这些研究结论,他修正了功能旅游系统模型,完善了对旅游系统基本结构的描述,分析了游客信息采集及支持其的旅游系统决策对营销过程、市场定位、旅游目的地的多元化运营、游客空间流动等产生的影响。

Priskin 等(2003)构建了旅游业集聚发展的分析模型,分析了构成旅游业系统内促进产业集聚发展的交通运输等硬件子系统,以及法律、政策、人力资源和环境基础等软件子系统,认为旅游业集聚发展需要一个综合性系统,该综合性系统涵盖多个子系统,且不同子系统之间的关联度与旅游业集聚发展的可持续性具有密切关系。因此,评价一个地区的旅游业集聚发展水平,也应该考虑各种子系统的驱动机制及其相互作用。

Flowers(2006)认为,从市场营销角度来看,同一空间旅游资源的吸引力和旅游服务是两个互补的要素,由此构成支持一个地区旅游业集聚发展的综合系统。旅游业集聚区通过营销活动形成对旅游者的一种吸引力。因此,评价旅游业集聚发展水平,营销活动的吸引力也是不可忽视的重要指标。

Jackson(2006)认为,旅游业集聚发展评价研究伴随着日趋显著的旅游业集聚发展趋势而快速兴起。在旅游业从比较优势向竞争优势转变过程中,旅游业集聚发展评价比较侧重于集聚条件的评价,包括旅游业潜力和竞争、风险、杠杆及资本密集等。

Porter(2008)运用供求关系评价理论分析了旅游业集聚的演变。他发现,旅游业的外部影响因素涵盖文化氛围、政策法规、竞争结构、社区态度、创业能力、人才服务、配套产业支持等。影响旅游业集聚的外部需求侧因素包括整个社会的生产力发展、人口规模、社会福利、政府监管、可自由支配的收入状况和闲暇时间。

Savova-Stoynov(2013)认为,较之国外学者,中国国内学者对行业集中度给予了更多关注。他们大多利用行业集中度指标来评价旅游景点、旅游服务、旅游酒店等旅游行业的集中度。

Singal(2015)运用产业竞争强度理论比较分析了酒店和其他旅游子行业的结构特征,论证了旅游业相较其他行业存在更高杠杆率、更高风险、更高资本密集度和更高竞争强度等特征。

Karlis(2018)以地中海邮轮产业为例,提出了基于另一个维度的旅游业集聚评价理论。他认为,行业内的竞合关系及其存在的网络的联系强度等高度影响旅游业的集聚发展,竞争优势和专业化策略与旅游业集聚水平之间存在高度相关性。

Kim(2017)认为,空间基尼系数适用于研究评价特定地理单元的(旅游)产业集聚水平。

国内早期关注旅游业集聚的学者主要研究和引进国外关于旅游业集聚评价的理论和方法,并建立评价指标定量评价和分析旅游业集聚程度,通过行业集中度(或市场集中度)来测度旅游业中的主要行业在特定区域的集聚度,计算赫芬达尔—赫希曼指数来反映旅游业或企业市场集中度水平,计算空间基尼系数直观反映特定地区旅游业集聚度,采用 EG 产业集聚指数测度市场集中度较低的一般性产业的集聚度,通过计算区位熵筛选特定区域中具有一定地位的优势产业。但是,国内学者测度旅游业集聚度最常用的是区位熵,用以反映旅游业在某地区的主导情况或优势地位。

(五)旅游业集聚影响因素

邓冰等(2004)阐述了资源禀赋、客源市场、交通区位、产业链、政策等在旅游业集聚中的作用,重点分析了政府在产业集聚中的作用。孙钰霞(2007)以农家乐旅游产业集聚为例,指出在不同旅游产业集聚阶段,其集聚驱动因素有所不同,如资源禀赋与区位因素推动了旅游产业集聚萌芽的产生,制度因素的介入推动了旅游产业集聚的形成,市场的发展变化推动着旅游产业集聚的扩散。陈梅(2010)等从旅游资源禀赋、区位与可进入性、规模经济与收益递增、市场需求、消费者偏好、市场关联、政府政策与发展环境的角度解释了影响旅游产业集聚的因素。郑芳(2012)等从资源禀赋、产业属性、区位条件、经济水平、政策作用等角度探讨了海南旅游业集聚的影响因素。

可见,学界研究旅游业集聚的影响因素,主要从资源禀赋、客源情况、交通区位、产业链作用和政府作用等方面进行分析和阐释。

(六)自贸港建设与旅游业集聚发展的关系

黄志勇(2012)认为,旅游业作为现代服务业的重要组成部分,其集聚发展趋势对于相关产业发展起到直接的拉动作用。研究分析旅游业集聚发展与自贸港建设的内在关系,对于把握自由贸易港带来的历史机遇、推动海南国际旅游岛建设和探索更深层次的改革开放都具有重要战略意义。

冯宗宪等(2015)认为,随着全球范围内不同国家设立了自贸港,免税业竞争将逐渐向自贸港区域转移并集中,自贸港免税政策的独特优势,对于吸引旅游消费在海南的集聚、促进国际旅游消费中心建设、巩固和提升海南在旅游市场的竞争优势具有重要作用。他认为,自由贸易港建设将加快旅游业集聚发展步伐,并促进旅游业逐步加大对海南免税购物业务的渗透,甚至有可能将海南省免税品有限公司的业务纳入旅游业系统,使海南旅游业与中国免税品(集团)有限责任公司的业务实现充分融合发展。

王晓辉(2017)认为,支持海南探索建设中国特色自由贸易港的决定宣布一年来,海南旅游业集聚发展速度加快,离岛免税、体育旅游、邮轮产业等诸多方面的政策扶植带来了旅游消费在海南的集聚,推动了海南旅游业集聚发展。

李建萍(2013)认为,我国要建设并发展自贸港,可以向新加坡、迪拜等地学习,吸收其先进经验,在财务税务、投资融资、金融创新等方面采取有效措施,大力扶持自由贸易港旅游业的集聚发展。要打造国际自由港综合服务平台,对港口资源进行整合并优化,增加和全球主要客源地之间的航线,打造多层次的丰富国际航线系统,加强自贸港基础设施建设,带动旅游业集聚发展。

Howells 等(1987)认为,立足于自由贸易港资源禀赋和地理比较优势,从加强政府制度创新和提高供给能力的角度出发,逐步推进旅游业特色集聚;明确以娱乐休闲为主导产业的发展定位;全面推动现代科技和特色旅游之间的深度融合;提升旅游业的发展层次;在自贸港建设过程中吸引大型旅游企业进入海南发展;通过旅游业集聚发展和具有世界影响力的国际旅游消费中心建设,推动中国特色自由贸易港建设。

旅游业集聚发展和自贸港建设相辅相成,具有显著的相关性。在建设条件和动力方面,旅游业发展和自贸港建设具有诸多相似因素。正如迈克尔·波特(2000)所言,在成本推动的竞争环境中,拥有优势自然资源和人力资源禀赋的国家或地区通常具有劳动力廉价、港口天然形成等成本优势。

Juan 等(2008)认为,自由贸易港建设要搭建服务贸易公共服务体系和贸易促进平台,与国际产业平台相衔接,为打造国际旅游服务业创新集聚区创造重要条件,这将为加快以旅游业、现代服务业和高新技术产业为主导产业的海南自由贸易港建设提供参考。

Franco(2014)认为,自贸港通过开设免税店将为促进旅游消费乃至整个旅游业集聚发展创造有利条件。早期自贸港内的税收优惠主要针对出口加工、转口贸易、国家政策扶持的新兴产业等,目前的发展趋势之一是通过税费减免政策来刺激旅游业集聚和经济发展。依托自由贸易港在巩固旅游业发展成果的同时,有望形成新的经济增长点,达到产生大量外汇交易、汇聚资金的目的。

Wan(2014)认为,随着经济全球化及自由贸易特别是服务贸易的强劲发展,港口间的竞争逐渐演变为供应链贸易竞争,港口不再被视为运输链中的孤立环节,而是涉及供应链的整个环节。几乎所有港口都在向第四代港口转型,发展物流和增值活动。这些活动与当地工业和服务业一起发展,使港口成为更趋一体化、包括旅游业在内的综合产业集聚区。

Ji(2015)指出,虽然国际贸易与旅游业发展之间的关系得到了广泛承认,但前者对后者的影响很少被量化,由于自由贸易与旅游业的关系日趋密切,亟待从理论上进行系统阐释。自由贸易港建设对旅游业及其集聚发展的影响都没有得到量化,尽管这两者之间实际上的确存在很大关系。香港成为我国开放度和自由度最高的自由贸易港,旅游业具有较大优势,这与旅游业集聚区位选择原理相同。可见,自由贸易港建设可以有效促进旅游业集聚发展。

欧美发达国家对自由贸易港建设与旅游业集聚之间关系的研究早于国内,较早认识到自由贸易港建设与旅游业存在较强关联性,认为国际贸易对临港旅游业发展的影响较大,自由贸易港的地理区位比较优势是旅游业集聚发展的重要条件。国内学者更重视旅游服务贸易对自由贸易试验区和自由贸易港建设的促进作用,较少关注自由贸易港对旅游业发展的影响,已开始关注自由贸易港建设与旅游业集聚发展之间的相互影响和互动关系,但全面系统地揭示自贸港建设与旅游业集聚之间关系的研究极少。

第三节　文献述评

国外学者提出了很多得到国际研究界广泛认同的产业集聚理论,包括熊彼特的创新集聚理论、波特的企业竞争与钻石模型理论、胡佛的产业最佳集聚理论和韦伯的区位集聚理论等,但国内尚未形成获得学界广泛认可的产业集聚理论。国内外旅游业集聚的相关研究均受到工业化进程的深刻影响。随着城市化率的快速提升,旅游业规模经济不断显现,旅游业集聚发展研究逐渐深化,从集聚集群辨析,延伸到旅游业集聚的内在机理、拉动效应、动力机制、发展模式、路径选择、创新策略等。国外学者关于旅游业集聚评价理论和方法的研究主要集中于旅游业集聚的条件、产业竞争强度的大小、产业内部合作与冲突关系,以及旅游业主要行业间互联互通形成的网络结构等;国内学者则倾向于理论阐释与促进旅游业集聚发展的政策和战略研究。换言之,国内学者比较关注旅游业集聚的理论研究、机制探究、路径构拟、模式建构,旅游业集聚自身的溢出价值和效能等,旅游业集聚对经济社会的拉动效应与区域经济发展的促进作用等。

国内外学者关于旅游业集聚发展的研究产出了许多有价值、有影响力的成果,给笔者研究海南旅游产业集聚发展奠定了重要基础,笔者受到很多重要启迪。但是,笔者认为,在自由贸易区(港)成为促进特定地区扩大对外开放、加快经济发展重要战略的背景下,需要以自贸港建设作为研究旅游业区域集聚的新的视角。也就是说,在海南成为中国第一个自由贸易港的背景下,需要把自贸港建设作为研究海南旅游业集聚发展一个新的视角。

首先,虽然有许多学者从不同角度、不同层面展开了海南旅游业集聚相关问题研究,但从自贸港视角研究旅游业集聚问题的学者较少。虽然有少数学者基于自贸港建设视角研究旅游业集聚问题,但主要集中在战略目标、重大任务、总体要求、全面开放、行政体制、财税体制、金融体制、行政区划、营商环境、吸引人才等宏观层面上。因此,从自贸港建设切入,可以扩展研究海南旅游产业集聚发展问题的视野,具有特殊的理论和现实意义。

其次,2010年海南国际旅游岛建设上升为国家战略以来,海南旅游业发展研究大多关注战略定位、发展目标、发展重点、生态文明建设、文化旅游融合、全域旅游、乡村旅游、旅游业国际化、旅游服务国际化、旅游标准国际化等方面,尚未系统分析自贸港建设与旅游业集聚发展之间的互动关系,也很少采用实证研究方法科学评估海南旅游业集聚发展的现状,因此笔者分析海南旅游业集聚发展的影响因素及其深层次根源,进而提出适应自贸港建设、抓住自贸港建设带来的新机遇、加快旅游业集聚发展的思路和建议。本研究有望丰富海南旅游业发展研究的内容。

第四节　理论基础

一、新发展理念

中国改革开放的成功实践在新时代形成了创新、协调、绿色、开放、共享的新发展理念。新发展理念是我国经济社会发展必须长期坚持的重要遵循,是我国经济强起来的科学指引。创新发展的关键是解决发展的动力问题,我国产业转型升级正处于关键时期,创新驱动战略的实施时间较短,我国在创新能力方面仍处于劣势,科技发展虽然取得长足进步,但依然存在许多短板,科技对社会经济发展的支撑能力不足,和发达国家相比,科技对经济增长的贡献率相对较低。

我国旅游业虽已成长为国民经济不可或缺的重要组成部分,但总体上尚未进行系统的"现代工业化"和"产业化"改造,增长速度换档期、结构调整阵痛期和前期刺激政策消化期的三期叠加,使旅游业发展急需新的动能。旅行社、旅游景区、旅游酒店和旅游消费等核心行业缺乏现代科技创新的有力支撑,旅游高端装备制造、从业者专业化职业化水平、中高端价值链分工等仍处于跟随发达国家和地区发展的阶段,单纯依靠资源、要素、资本驱动的同质化盲目模仿跟风式发展,仍然是旅游业发展的主流模式,因此必须通过创新探索新的发展模式、培育新的发展动力。

协调发展的主要目的是解决发展不均衡问题。在我国社会主义建设过程中,发展不均衡、不协调、不充分的问题是一个长期困扰的问题。在我国经济发展历程中,改革开放初期主要任务是要解决温饱、快速致富,但改革开放进入新阶段以来,调整主要矛盾尤为重要,需要强调整体效能,否则一旦产生木桶效应,则会导致难以预计的损失,我国社会矛盾会进一步加剧,对社会稳定性造成较大冲击。旅游资源丰富的地区往往经济欠发达,而旅游消费旺盛的地区恰恰经济较发达,旅游资源及其相应产业高度集聚于某一地区时,旅游业虽得到较快发展,也在中西部地区占据支柱产业地位,但总体规模仍然偏小,绝对规模仍然偏低,与发达地区相比存在较大差距,难以成为促进城乡间、群体间、区域间均衡发展的关键产业。

绿色发展的主要目的是实现人和自然的协调发展。经过多年的粗放式发展,我国资源储量方面大幅减少,生态环境遭到一定程度的破坏,饮水、食品、空气等方面的问题比较突出,社会大众对生态环境保护提出了更高要求。中国特色自由贸易港尤为强调绿色生态发展,海南自 20 世纪末开始率先探索"生态省建设",肩负全国生态文明建设表率的时代责任和历史使命,且旅游业本身天然地要求必须坚持生态优先发展的根本原则。但从实践来看,旅游业发展迅速且后发优势明显的地区,生态承载力总体不高,生态环境均较脆弱,在粗放型发展模式仍然占据绝对优势地位的背景下,旅游业发展集聚水平较高的地区环保基础设施、设备和条件建设明显滞后,尤其是旅游业投入大、收益低、成本回收周期长等特点也影响其绿色发展,甚至出现了很多地方如果严格按照绿色发展的环保要求,在较长时期内旅游业处于入不敷出的发展境地。

　　开放发展的目的主要是实现内外部协调发展,全面推动内外联动。目前,我国已经向全世界承诺继续扩大开放,而如何实现内外有效联动,提升对外开放质量是我国各级政府面对的主要问题。相对而言,我国对外开放还存在显著的改进空间,资源的利用效率相对较低,国内市场和国外市场的利用程度较低,导致应对国际经贸摩擦的能力相对较低,在国际贸易标准制定方面的话语权不足,对国际规则的应用水平也亟待改进,提升我国开放质量和水平具有紧迫性。海南探索建设中国特色自由贸易港的出发点和落脚点在于扩大开放,着力提升海南旅游国际化发展水平。海南以国际旅游岛建设为总抓手,积极落实推动国际旅游消费中心的国家战略定位,一方面通过融入"一带一路"、中国—东盟、澜沧江—湄公河等建设,积极走出去,重点加强与东南亚各国经济、贸易、人文、教育、医疗等合作;另一方面深入实施服务贸易创新发展试点工作,强化引进来工作,与东南亚国家深入开展互联互通、交流合作,积极拓展面向南太平洋和印度洋的经贸合作。近几年,面向印度尼西亚、马来西亚、老挝、柬埔寨、越南、泰国、新加坡等国的旅游经济发展迅猛,它们已经成为海南入境旅游的重点客源市场。

　　共享发展的主要目标是彰显社会公正、公平、公义。我国经济发展虽然取得举世瞩目的成绩,但是分配不公问题对我国经济会造成一定负面影响,城乡发展不均衡、收入差距的不断加大在很大程度上导致社会矛盾加剧。针对该问题,既要加强顶层制度设计,还要在具体贯彻执行阶段,实现改革发展成果全社会共享,这也是政府需要面对并解决的重要问题。中国特色自由贸易港的核心目标之一就是实现共商共建共享,其最根本的追求和要求也是改善居民、游客的福祉,通过全面落实"三区一中心"战略定位,以旅游业为切入点,带动资金流、物资流、信息流、知识流、人才流等集聚于海南,通过产业振兴推动海南经济社会稳定快速健康发展。同时,通过中国特色自由贸易港建设,从总体上改善海南的自然环境、营商环境、人居环境、旅游环境、文化环境、公共服务环境等,不仅能够促使本地居民共享全面深化改革开放新时代的发展成果,也能推动广大游客与本地居民共享海南体制改革、经济发展、社会进步、文化繁荣、生态治理等发展成果,形成对其他省区市、地区的重要示范意义和带动效应,促进海南深化改革开放的发展成果惠泽周边国家和地区。

新发展理念是我国今后很长时期经济社会发展的基本遵循。本研究遵循新发展理念,分析自贸港建设对海南旅游业集聚发展的影响及要求,剖析海南旅游业集聚发展的影响因素,提出促进海南旅游业创新、协调、绿色、开放、共享式集聚发展的思路和建议。

二、自由贸易理论

自由贸易是指国家或者地区消除对外贸易限制,允许商品和服务自由流动,其依据是国际分工理论、专业化生产理论和比较优势理论。越来越多的国家和地区都在不断降低生产成本或者提升生产效率,以获得市场竞争优势。19世纪,英国凭借工业优势,实行自由贸易政策长达60年之久。此后实行这种政策的国家极少。第二次世界大战后,虽然《联合国宪章》规定了自由贸易原则,但贸易保护并未因此减少,而且形式日益多样化。

自由贸易理论(free trade theory)的创始者是英国经济学家亚当·斯密,其核心观点是,参与自由贸易的双方均可以在自由贸易中获益。这一结论是通过实证分析和严密的逻辑推导获得的。自由贸易理论是国际贸易的理论基础,提出后一直在国际贸易中发挥重要作用,全面影响了国际贸易理论的发展和贸易政策的制定。自由贸易理论的演变与发展大致可分为三个阶段:古典学派的自由贸易理论、现代学派的自由贸易理论、二战以后的自由贸易理论。但上述自由贸易理论存在着极强的继承和发展关系,这特别体现在对生产要素的分析和对国际贸易产生原因的解释方面(刘芹,2004)。

海南全岛建设自由贸易试验区和中国特色自由贸易港是中央推动经济发展和体制改革的重大战略部署,是深化行政审批体制改革、转变政府职能、推进国家治理体系和治理能力现代化、点面结合的顶层设计。但是,自由贸易区战略的实施,仍然面临着思想认识、学术理论、实践工作三个维度的阻力。陈林(2016)通过理论与案例分析,归纳出当前自由贸易试验区建设中凸现出来的三个"认识、理论与实践误区":(1)误以为自由贸易试验区的负面清单制度是新生事物,是洋为中用的产物;(2)学术研究大部分重点关注自由贸易试验区的贸易自由而忽视研究投资自由;(3)地方政府将自由贸易试验区看作新一轮的开发区。

根据自由贸易理论,一个国家或地区应该按照自然条件、比较利益和要素丰缺状况,以特色化专业化、要素最优配置、社会资源节约、技术创新、降低成本、提高收入水平、增加资本积累、促进经济持续发展等为目标,集中生产自己最有优势的产品,提供自己最有优势的服务。本研究围绕自由贸易理论的特色化专业化、要素配置最优化、社会资源节约化,以大规模减少甚至取消进口关税、出口补贴、国内生产补贴、贸易配额或进口许可证等为路径,以贸易自由和投资自由为重点,结合海南特点,对标世界最高水平的开放形态,体现具有中国特色的对外开放举措,旨在推进海南旅游业集聚发展。

三、产业集聚理论

产业集聚是指特定产业的相关企业在发展过程中由于存在供应链关系而紧密关联,在地理空间层面上形成聚集效应,进而集中成产业群的现象。长时间以来,国内外学术界都高度重视产业集聚研究,分别以区位优势、外部环境、技术创新、合作竞争、交易成本、报酬递增等为视角,对产业集聚现象进行了系统研究。

解释产业集聚现象的有多重理论:第一,外部经济理论。在古典政治经济学阶段,亚当·斯密便在其《国富论》中对聚集经济进行了描述。他运用绝对利益理论和分工协作理论研究后指出,产业聚集指的是由分工性质不同的企业为实现某种产品生产而联合在一起的现象,从而实现产业链的完整性。Ricardo(2010)立足比较利益说,研究了特定产品的地理区位,对产业聚集形成的聚集经济问题提出了相关解释。Marshall(2010)第一次提出内部聚集和外部经济的概念,阐述了存在外部经济与规模经济条件下产业聚集形成的经济驱动。第二,产业区位理论。Von Thanen(1826)首先提出区位理论,系统研究了区位运输差异的相关问题。Weber(1929)系统阐述了集聚的概念,在微观层面上对企业区位选址进行了分析,进而形成产业区位理论。勒施(2010)深度剖析了产业集聚和城市化进程的关系,认为产业集聚是城市化进程的重要推动要素。佩鲁(1955)认为,区域产业集聚和增长极理论存在显著相关性,两大理论相辅相成。第三,新竞争理论。新竞争理论本质上指的是,产业集聚表现为企业通过确定合作伙伴实现共赢的发展模式。按照新竞争理论,即便在新产品研究或者市场竞争过程中,参与竞争的利益相关方也能通过信息交换,在最大程度提升企业竞争能力的同时,实现风险最小化。第四,新制度经济学的交易费用理论。该理论也对产业聚集现象进行了解释。第五,新经济地理学的规模报酬递增理论。该理论在全新视角下对产业聚集和产业经济进行了系统分析,有利于从一般性研究转化成普适性研究框架,进而对各种类型和形式的递增报酬进行分析,并通过运输成本分析,试图在经济学视角下解决相关问题。

刘乃全(2002)对产业聚集的理论发展及演进过程进行系统分析后指出,产业聚集动因既可能来自规模经济、外部性,也可能来自合作竞争、路径依赖、市场需求、贸易成本降低等因素。为促进区域经济可持续发展及产业聚集,政府部门应该在提供公共物品、降低贸易成本等方面做出努力。产业聚集是工业化过程中的必然产物,是产业国际竞争力的重要来源和集中体现,而产业国际竞争力又是产业聚集的终极目标。田井泉等(2005)认为,产业聚集所表现出来的较强持续竞争力在于其所拥有的竞争优势,这对我国现阶段产业聚集和产业国际竞争力之间的关系研究具有较强的理论和现实意义。

刘佳等(2013)的研究结果表明,中国旅游业发展一直伴随空间集聚的过程,旅游经济增长存在显著的正向空间相关性,在东部地区形成旅游经济活动集聚区;旅游业集聚对区域旅游经济增长有显著的正向影响,并表现为较强的空间溢出效应,但这种溢出效应表现为显著的局部性特征,由此引起中国旅游经济增长的空间不均衡。王凯等(2016)的研究结果表明,我国旅游业集聚程度整体偏低,存在不均衡问题;国内省区旅游业的产业规模普遍偏小,大部分省区旅游业都处于规模报酬递增阶段;旅游业规模化集中度对产业技术效率有较强的积极影响,其回归系数达到0.672。基于中国工业企业面板数据的实证结果表明,产业集聚能通过缓解企业融资约束促进其创新活动和生产力进步,进而加快地区整体层面上向技术前沿的收敛速度。产业集聚发挥作用的渠道是,增加企业抵押资产的最佳替代使用者数量,以提高银行对抵押资产的市价估值并上调信贷限制。茅锐(2017)认为,这些发现表明产业集聚对迈向知识型经济和平衡增长有关键意义。研究表明,旅游业与城镇化建设已经成为现代社会经济中两个重要的发展极,二者之间是一种互动发展的关系。旅游业集聚在优化产业结构、统筹城乡发展、缩小城乡差距、增加就业岗位、加快农村剩余劳动力转移等方面改变了城镇化的地域形态和动力机制。以城镇化为主导的拉动力促进了旅游业发展,二者协调发展则能充分发挥旅游业拉动内需的作用,反之则阻碍城镇化建设。罗霞等(2017)采用灰色关联分析法,将旅游业集聚发展和城镇化建设视为两个子系统,构建了二者协调发展的测度模型,并根据地区城镇化与旅游资源禀赋的不同,提出了相应的对策建议,以期充分利用旅游业集聚对区域经济发展和文化建设方面的影响,发挥城镇化建设对当地人口、产业结构、经济增长的作用,实现旅游业与城镇化建设的良性互动发展。严含等(2017)提出"产业集群"概念,首先分析产业集聚和产业集群的基本概念及其内涵和外延,由此探讨"产业集群"形成的原因;然后阐述"产业集群"理论的主要基础和对相关学科的推进作用;最后分析集群模式,探讨"产业集群"理论对实践的指导意义,并提出五种产业集群和产业集群类型,及其对产业集群实践的意义。

产业集聚追求的集聚经济是在特定空间范围内的规模经济。目前和今后很长一个时期,海南旅游业均须促进市县旅游业形成规模经济,使旅游业及其经济活动在海南省域、市县集中后产生的经济效果,促进海南旅游业集聚发展,当这样的旅游业集中程度超过某一限定程度以后,再集聚就会带来聚集不经济,产生离心力,届时需要抑制或减小规模。海南旅游业集聚发展追求的是规模经济,需要持续提高旅游业生产力,建立健全旅游业集聚发展的现代治理体系,提高旅游业从业者和涉旅人员综合能力,系统推动旅游业规模经济的实现。

产业集聚指的是某一区域空间内同一产业的高度集中,相关经济要素不断集中的过程。19世纪末期,相关学者开始对产业集聚问题进行研究,1890年,马歇尔等对产业集聚进行了系统研究,并提出了外部经济和内部经济概念。在马歇尔理论的指导下,很多学者对集聚理论进行了补充和完善,出现了大量的学术流派。

产业转移指的是某些产业由一个国家或地区向其他国家或地区转移的过程。按照转移的地域标准,可以将产业转移划分成国际、区际以及城乡转移三种类型。部分学者提出,产业集聚和产业转移存在一定的理论矛盾性。通过产业聚集,我国东部沿海在短时间内形成重要的产业优势,基于专业高度分工原则形成了产业配套体系。如果产业配套体系形成,则转移成本相对较高,在没有绝对吸引力的情况下很难进行转移。旅游业不同于劳动密集型产业,具有地域性和异质性特征,其集聚不存在导致旅游业转移的可能。因此,旅游业要素是在特定区域"差异发展、产业互补",可以基于价值链分工实现集聚,也可以按照服务链分工实现集聚,目前更具现实意义和理论价值的探索在于通过创新产业生态引导旅游业集聚。过去很长一段时间,海南旅游形态主要为观光团队游,游客普遍选择多看多走,旅游业高度集中于超级核心吸引(物)的小区域内。随着大众旅游时代的到来,个性化、特色化、小众化的旅游需求使自由行旅游者占比高达85%以上,加之乘坐航空、高铁等追求快捷高效和自驾游、自行车游、徒步等追求自由体验并行,旅游业集聚在空间上突破了一般的行政区划或特定文化界定,在引得进、留得住的基础上,更加突出产业集聚所带来的便利性、舒适性和互动性,旅游业集聚度表现得更加多元化。受制于休闲制度安排,空间集聚从属于时间集中,但旅游业集聚不能是简单的要素叠加,或单一旅游行业的集中,而应综合游客需求、在地产品、服务提供,强化旅游业集聚对游客持续的吸引力和消费力。下面将运用产业集聚理论,分析海南旅游业集聚发展面临的问题,提出通过加快海南旅游业集聚发展推动自贸港建设的思路和建议。

四、产业集聚测度理论模型

测度产业集聚程度,可供采用的有以下理论模型。

(一)行业集中度

行业集中度(concentration ratio)也叫行业集中率,或市场集中度(market concentration rate),是指某行业市场内前 N 家最大企业所占市场份额(产值、产量、销售额、销售量、职工人数、资产总额等)的总和,是市场势力集中度的重要量化指标。行业集中度反映市场竞争和垄断程度,常用指标包括行业集中率和赫芬达尔—赫希曼指数(简称赫希曼指数)。行业集中率可用 CR_n 表示,其计算公式如下:

$$CR_n = \frac{\sum\limits_{i=1}^{n} X_i}{\sum\limits_{i=1}^{N} X_i} \qquad (2.1)$$

在此式中，CR_n 指数是某个产业 n 个最大企业或 n 个最大地区的市场份额之和。例如，CR_4 是 4 个最大企业或 4 个最大地区的市场份额之和，CR_5 是 5 家最大企业或 5 个最大地区的市场份额之和，CR_8 则是 8 家最大企业或 8 个最大地区的市场份额之和。X_i 是第 i 个企业或第 i 个地区的市场份额，n 是最大企业或最大地区的数目（一般取值为 4 或 8），N 是所有企业或所有地区的数目。$\sum\limits_{i=1}^{n} X_i$ 是某产业 n 个最大企业或 n 个最大地区的市场份额之和，$\sum\limits_{i=1}^{N} X_i$ 是该产业所有企业或所有地区的市场份额之和。

（二）区位熵

哈盖特首次将熵应用到区位分析领域，用于评价特定区域要素的地理空间布局，也被称为区位熵。这一指标可以评价特定产业部门的专业化程度，或者特定区域在更大体系中的地位等，反映某一产业部门的专业化程度，以及某一区域在高层次区域的地位和作用，计算公式如下：

$$LQ_{ij} = \frac{q_{ij}/q_j}{q_i/q} \qquad (2.2)$$

在此式中，LQ_{ij} 代表 j 地区 i 产业在全国或上一级地区 i 产业的区位熵，q_{ij} 代表 j 地区 i 产业的相关指标（如产值、就业人数等），q_i 代表 j 地区所有产业的相关指标（如产值、就业人数等），q_i 代表全国或上一级地区 i 产业的相关指标（如产值、就业人数等），q 代表全国或上一级地区所有产业的相关指标（如产值、就业人数等）。$LQ_{ij}>1$，表明 j 地区 i 产业的集聚程度较高，在全国或上一级地区中有优势；$LQ_{ij}<1$，表明 j 地区 i 产业的集聚程度较低，在全国或上一级地区中没有优势。

（三）赫芬达尔—赫希曼指数

另外一种测量产业集中度的综合指数最早是由赫希曼（A. Hirschman）提出，后经过多个学者的补充和完善，通常称为赫芬达尔—赫希曼指数（Herfindahl-Hirschman Index），简称赫芬达尔指数（HHI），这是产业市场主体占行业总收入或总资产百分比的平方和。计算公式如下：

$$H = \sum_{j=4}^{N} Z_j^2 = \sum_{j}^{N} (X_j/X)^2 \quad (j = 1,2,3\ldots,n) \qquad (2.3)$$

在此式中，X 代表全国或上一级地区市场总规模，X_i 代表 i 企业或地区的市场规模，$S_i(= X_i/X)$ 代表第 i 个企业或地区在全国或上一级地区的市场占有率，n 代表该产业的企业或地区数。H 越大，表示市场集中程度越高。

（四）空间基尼系数

空间基尼系数由保罗·克鲁格曼于 1991 年提出，最早用于测算美国制造业的集聚程度，目前已经发展成为应用较为广泛的产业空间集聚程度测度方法，计算公式如下：

$$G = \sum_{i=1}^{n} (S_i - X_i)^2 \qquad (2.4)$$

在此式中，G 代表空间基尼系数，S_i 代表 i 地区特定产业相关指标（产值、就业人数、销售额、资产总额等）占全国或上一级地区该产业相关指标（产值、就业人数、销售额、资产总额等）的比重，X_i 代表 i 地区所有产业相关指标（产值、就业人数、销售额、资产总额等）占全国或上一级地区所有就业人数的比重。G 值介于 0 和 1 之间，$G = 0$ 时，该产业在空间上呈均匀分布；G 值越接近 1，则该产业集聚程度越强。

（五）EG 指数

空间基尼系数只能表明某产业在某区域的集中程度，没有考虑企业之间的规模差异。如果某一地区某产业中存在规模很大的企业，就会造成很大的基尼系数，但并不代表较高的集聚度。为解决空间基尼系数失真问题，埃里尔森和格拉埃塞融合空间基尼系数和赫芬达尔指数的优点，1997 年提出一种新的产业集聚程度测量指标——EG 指数。该指数的计算公式如下：

$$\gamma = \frac{G - \left(1 - \sum_i x_i^2\right)H}{\left(1 - \sum_i x_i^2\right)(1 - H)} = \frac{\sum_{i=1}^{M}(s_i - x_i)^2 - \left(1 - \sum_{i=1}^{M} x_i^2\right)\sum_{j=1}^{N} Z_j^2}{\left(1 - \sum_i x_i^2\right)\left(1 - \sum_{j=1}^{N} Z_j^2\right)}$$

$$(2.5)$$

在此式中，γ 是 EG 指数，$G = \sum_{i=1}^{M}(s_i - x_i)^2$ 表示空间基尼系数，H 代表赫芬

达尔指数，S_i 代表 i 区域某产业就业人数占全国或上一级地区该产业全部就业人数的比重，x_i 代表 i 区域全部就业人数占全国或上一级地区所有就业总人数的比重。由此式计算得到的产业集中度分为三个区间：第一个区间为 $\gamma < 0.02$，表明该产业在区域内是分散的；第二个区间为 $0.02 \leqslant \gamma \leqslant 0.05$，表明该产业在该区域的分布比较均匀；第三个区间为 $\gamma > 0.05$，表明在该区域产业集聚度比较高。

（六）DO 指数

该指数以无参数回归模型为基础，是用于分析产业集聚程度的重要指标，计算公式如下：

$$k_{A,B}(d) = 1$$

$$P_{(n_A, n_B)} \sum_{i=1, j \neq 1}^{n_A} f\left(\frac{d - d_{i,j}}{h}\right) \tag{2.6}$$

在上述公式中，h 指的是窗宽，f 指的是核函数，A、B 指的是总企业地点 S 的两个子集。$P_{(n_A, n_B)}$ 指的是不同企业双边距离的总数，其中每个企业属于一个子集。如果 A、B 是相同的集合，则 $P_{(n_A, n_B)} = \dfrac{n_A \cdot (n_A - 1)}{2}$；如果 A、B 属于不相交的集合，则 $P_{(n_A, n_B)} = n_A n_B$。

上述产业集聚度测度方法各有优劣，应用时需要的条件不同，一般依据适用性和可行性原则，在实证研究中根据不同的情况和条件采用不同的产业集聚度测算方法。

第五节　本章小结

本章基于对中国特色自由贸易港、国际旅游消费中心等关键概念的分析和界定，归纳梳理了国内外关于自由贸易港建设的内涵及其本质特征、旅游业集聚成因、动力、发展路径及产业集聚度评价方法，自由贸易港建设与旅游业集聚发展、演化及结构优化关系等方面的文献，评述了既有研究的特点，分析了本研究与既有研究的关系，讨论了本研究的理论基础，包括新发展理念、自由贸易理论、产业集聚理论和产业集聚评测度理论模型等。

第三章　自贸港建设:海南旅游业集聚发展趋势、机遇与新要求

在对海南旅游业集聚度进行实证分析之前,有必要首先分析海南旅游业集聚发展的基本趋势,理清自贸港建设对海南旅游业发展的影响,包括对海南旅游业发展模式、产业演化及结构优化、产业发展路径等关键维度的影响,也必须深入分析自贸港给海南旅游业集聚发展提出的新要求。

第一节　战略定位、政策导向及其集聚发展趋势

一、战略定位

2009 年,国务院颁布《关于推进海南国际旅游岛建设发展的若干意见》,把海南国际旅游岛建设提升到国家区域发展战略高度。为有效实施国家关于国际旅游岛建设的方针政策,海南省委和省政府编制并出台《海南国际旅游岛建设发展规划纲要》,在全面分析海南国际旅游岛建设发展内外部条件的基础上,制定了打造“全国旅游业改革创新的试验区”“世界一流的海岛休闲度假旅游目的地”“全国生态文明建设示范区”“国际经济合作和文化交流的重要平台”“南海资源开发和服务基地”“国家热带现代农业基地”等建设规划和政策举措。

习近平(2018)指出,“海南发展不能以转口贸易和加工制造为重点,而要以发展旅游业、现代服务业、高新技术产业为主导,更加注重通过人的全面发展充分激发发展活力和创造力”。旅游业被界定为海南自贸港建设的第一主导产业。

随后,打造具有全球影响力的“国际旅游消费中心”成为海南自贸港的四大战略定位之一。2018 年底,国家发改委发布的《海南省建设国际旅游消费中

心的实施方案》指出,建设海南国际旅游消费中心旨在深入推进国际旅游岛建设,优化发展环境,创新发展体制,通过不断扩展旅游消费新市场,重点发展旅游消费新领域、新业态,培育新的发展热点,提升旅游消费,进一步激发市场消费潜力,探索消费型经济的发展模式,逐步形成品牌聚集、业态成熟、气候宜人、环境舒适、生态环境相对较好的国际旅游消费胜地。在很大程度上,"国际旅游消费中心"作为海南自贸港四大战略定位之一,是海南旅游业加快集聚发展的源头动力。

二、政策导向

表 3.1 整理了 2018 年 4 月份以来国家和海南省支持旅游业发展的相关政策措施。

表 3.1   2018 年 4 月份以来国家和海南省支持旅游业集聚发展的政策汇总

时间	政策	支持旅游业发展的内容
2018.4.11	中共中央、国务院《关于支持海南全面深化改革开放的指导意见》	"创新促进国际旅游消费中心建设的体制机制"要求:(一)拓展旅游消费发展空间;(二)提升旅游消费服务质量;(三)大力推进旅游消费国际化。
2018.5.1	公安部《关于在海南实施 59 国人员入境旅游免办签证政策的通知》	一是扩大免签国范围,由原 26 国扩大至 59 国。二是延长免签停留时间,统一延长至 30 天。三是放宽免签人数限制,在旅行社邀请接待模式前提下,将团队免签放宽为个人免签。
2018.11.28	多部委针对海南离岛旅客免税购物政策的相关调整	一是针对包括岛内居民在内的离岛旅客,将限税金额增加到 3 万元人民币,并取消次数限制;二是在免税商品清单中增加了部分家用医疗器械商品,例如助听器、呼吸器、矫形固定器等,单次限购两件。
2018.10.16	国务院《关于印发中国(海南)自由贸易试验区总体方案的通知》	一是提出建设国际旅游消费中心;二是以发展旅游业、现代服务业、高新技术产业为主导;三是扩大旅游业开放力度;四是依托博鳌乐城先行区,大力发展国际医疗

时间	政策	支持旅游业发展的内容
		旅游和高端医疗服务;五是针对主要客源地加开国际航线;六是组织开展大型的国际文化交流和经济交流活动,例如电影节、文化民俗活动等;七是(第十四点)提出"不断提升现代服务水平,打造高端服务产业"。积极扩展游轮航线,丰富邮轮旅游产品,支持实施更加便利的邮轮入境免签政策,建设邮轮旅游岸上国际配送中心等;实施琼港澳游艇自由行,简化游艇入境手续等。
2018.12.12	国家发改委《关于印发海南省建设国际旅游消费中心的实施方案的通知》	围绕海南旅游消费、旅游服务、旅游消费环境、消费国际化等,提出27条具体措施,内容涉及离岛免税政策、时尚高端消费品设计展示交易、邮轮旅游、游艇旅游、低空旅游和海岛旅游、健康消费、文化消费、会展节庆旅游消费、体育旅游消费、全域旅游、大型消费商圈、"互联网+"、住宿、美食、公共服务、市场监管、旅游道路、入境便利化、人才等。
2018.12.29	国务院《中华人民共和国药品管理法实施条例》	以海南省为试点,全面推动医疗产业和旅游产业的深度融合,重点发展医疗旅游产业,通过设置海南博鳌乐城国际医疗旅游先行区,对先行区药品进口做出了规定。
2019.1	文化和旅游部《文化和旅游部支持海南全面深化改革开放有关举措清单》	从六个方面推动支持海南旅游文化和旅游产业的发展:加强对重大旅游和文化项目的广告宣传,打造具有国际领先水准的文化旅游项目;文化旅游部门对支持资源进行协调,充分发挥组织优势,加大对各种节庆活动的支持力度;成立专门的旅游推广中心,建立健全旅游宣传体系,提升广告宣传活动的专业化水平,充分利用共建21世纪海上丝绸之路的历史机遇,建立旅游推广联盟,深化合作关系;加大对非合作的支持力度,提升双方在人文、旅游等领域的交流合作;加强旅游产业相关人才的引进和培育——文化旅游部将加大对海南省建立人才多元培训机制的支持力度,推动相关领域重点人才的培训项目,为海南省建设国际旅游消费胜地提供人才支持,在全国旅游产业教育教学指导委员会的统筹规划下,充分发挥海南本地旅游院校教育主体的作用,为旅游产业的发展提供智力支持;深化企业和学校的合作,提升结构布局的合理性,建立现代化的旅游教育体系,为旅游产业的发展输送大量人才,加强对海南省的扶贫工作,充分发挥扶贫管理人员和带头人的主观能动性。

续 表

时间	政策	支持旅游业发展的内容
2019.5.12	中共中央办公厅国务院办公厅《关于印发〈国家生态文明试验区(海南)实施方案〉的通知》	促进生态旅游转型升级和融合发展的若干政策措施。
2019.7	民航局《支持海南全面深化改革开放的实施意见》	中国民航局支持海南增开国际航线,通过增加航线数量,满足全面对外开放的实际需求,对航线网络进行规划设计,建立通畅的航道,进一步扩大海南航线的覆盖面,积极鼓励国内外航空公司积极参与到海南省的航线建设,尤其是增设海南和主要客源市场之间的直达航线。
2019.6.18	海南省人民政府《关于印发中国(海南)自由贸易试验区琼港澳游艇自由行实施方案的通知》	一是对港澳游艇的活动区域进行调整;二是对游艇进入海南省境内的手续进行优化和简化;三是对口岸管理模式进行适当调整,满足对外全面开放的实际要求;四是提升相关海域游艇航行、停泊、进出等方面的便捷程度,稳步实现琼港澳游艇的自由行。
2019.7.3	公安部《支持海南全面深化改革开放移民与出入境交通管理的政策措施》	实施更加开放的免签入境政策:一是拓宽外国人进入海南省的渠道,放宽免签条件,满足条件的外国人可以通过申报进入海南境内;二是扩大境外人士入境的免签事由,包括商贸、医疗、会展、体育等方面可以免签进入海南;三是对免签入境的人员提供更加便利的条件,允许其停留时间超过 30 天;四是结合旅游市场的供需关系考虑对外交往事项安排,对免签国家的名单进行适当调整。
2020.6.1	中共中央、国务院《海南自由贸易港建设总体方案》	坚持生态优先、绿色发展,围绕国际旅游消费中心建设,推动旅游与文化体育、健康医疗、养老养生等深度融合,提升博鳌乐城国际医疗旅游先行区发展水平,支持建设文化旅游产业园,发展特色旅游产业集群,培育旅游新业态新模式,创建全域旅游示范省。加快三亚向国际邮轮母港发展,支持建设邮轮旅游试验区,吸引国际邮轮注册。设立游艇产业改革发展创新试验区。支持创建国家级旅游度假区和 5A 级景区。

2018 年 4 月以来,国家各相关部委通过广泛调研、反复论证、周密设计,出台了一系列重大政策措施,支持海南加快国际旅游消费中心建设,其中离岛免税政策和入境免签政策已成为海南国际旅游岛和自贸港建设中含金量最高、影响最广泛的政策,拉动海南免税品进口和旅游人数快速增长,促进旅游消费

向海南集聚,推动邮轮游艇旅游、森林旅游、文化旅游、低空飞行等旅游新业态、新产品不断兴起。海南独特的旅游资源和生态环境优势在自贸港政策落地实施过程中彰显出巨大发展潜力和空间,促进旅游业集聚发展。

三、发展趋势

海南旅游业单元集聚化发展趋势。旅游业单元集聚发展的显著特征是旅游业不同经济要素的集聚,由此提升旅游资源的独特性、丰富性和开发水平。在加快建设自贸港的背景下,除了传统的自然旅游资源、人文旅游资源、特色旅游资源外,其他旅游业经济要素的边界在三次产业中逐渐模糊,旅游业通过"旅游＋""＋旅游"促进与三次产业深度融合发展。国际旅游消费中心建设向纵深推进,在吸引更多国际旅游资源的同时,面向国内外市场推出更多独具海南品牌价值、文化内涵、核心吸引力的旅游产品和服务。自贸港正在成为海南旅游业的又一核心吸引物和区域旅游品牌,其独特的旅游景观、旅游产品、旅游服务、旅游新业态逐渐对不同客源群体产生持续性的吸引。

自贸港建设助推海南旅游国际化水平不断提升。海南通过对旅游国际化水平和入境旅游市场进行定期不定期的专项监测,在摸清海南旅游国际化水平及入境旅游市场现状的基础上,加快建设具有全球影响力的国际旅游消费中心,强化旅游产品开发、服务、管理、营销等能力,提升旅游营销策划水平,组织举办具有国际影响力的文旅活动,逐步提升对主要客源市场、潜在客源市场和新兴客源市场游客的核心吸引力。与此同时,海南着力培育旅游景点、旅行社、饭店、交通运输等涉旅产业,以及银行、通信、媒体、医疗等辅助性企业和机构,着力打造能够推动全省旅游业集聚发展的核心企业。

在前几年的努力和自贸港建设的共同作用下,海南东部沿海湾区、重点旅游城市和特色旅游度假区等已经形成了旅游饭店、旅行社、景区、旅游交通等涉旅产业和金融、通信、零售、医疗、媒体、教育等辅助性企业机构的自发集聚。大三亚旅游经济圈、以旅游为重点的海澄文一体化综合经济圈、琼海和儋州旅游经济片区等都已呈现集聚发展的态势。

通过近几年的单元集聚,海南已经形成 42 个著名的旅游区(见表 3.2)。不难看出,海南旅游业的单元集聚与最具优势的资源禀赋和核心吸引物高度吻合,绝大多数旅游业集聚区(点)位于滨海湾区,内陆地区涉旅产业基本上集聚在温泉、雨林、黎苗族等独具特色的旅游资源富集地,但旅游业集聚区在全省分布极不均衡,中西部地区旅游业发展极不充分,深海深蓝旅游业开发严重滞后。无论是旅游业集聚区(点)数量,还是旅游业发展质量,三亚都牢牢占据全省第一的位置。海口、万宁、陵水、琼海等东部沿海市县旅游业集聚程度也比较高。但是,文昌是个例外。文昌拥有最完整也最具丰富内涵的旅游资源,旅游产品开发却远落后于其他东部滨海市县。中部市县中仅有保亭拥有两个5A级景区和1个4A级景区,五指山、琼中、屯昌、澄迈等其他西部市县旅游业集聚发展缓慢。临高、儋州、昌江、乐东等西部市县旅游业也有一定的集聚。虽然东方和白沙两个市县拥有鱼鳞洲、俄贤岭、白沙起义发源地、陨石坑等能够吸引旅游企业集聚的优质旅游资源,但尚未出现旅游业的单元集聚。

表 3.2　海南旅游业单元集聚的空间分布

市县	旅游业单元集聚区	核心旅游行业	备注
三亚市	亚龙湾旅游度假区	酒店、景区(点)	
	三亚湾旅游度假区	酒店、景区(点)	
	海棠湾国家海岸休闲度假区	酒店、购物(免税店)	
	大东海旅游度假区	酒店、景区(点)	
	天涯海角游览区	景区(点)	
	南山文化旅游区	景区(点)	
	蜈支洲岛旅游区	景区(点)、娱乐	
	三亚千古情景区	景区(点)	
	凤凰岛国际邮轮港	交通、酒店	
	市内旅游业单元集聚	旅行社、酒店、旅游交通、娱乐、购物、餐饮、会展	
海口市	观澜湖旅游度假区	酒店、景区(点)	
	长影海南"环球100"主题乐园	景区(点)	
	假日海滩旅游度假区	酒店、景区(点)	

续　表

市县	旅游业单元集聚区	核心旅游行业	备注
	石山火山群国家地质公园	景区(点)	
	市内旅游业单元集聚	旅行社、酒店、旅游交通、文化、娱乐、购物、餐饮、会展	
万宁市	兴隆华侨旅游经济区	酒店、景区(点)、购物(奥特莱斯)	
	神州半岛旅游度假区	酒店	
	石梅湾旅游度假区	酒店	
陵水县	清水湾旅游度假区	酒店	
	南湾猴岛生态旅游区	景区(点)、特色餐饮	
	分界洲岛旅游区	景区(点)、娱乐	
保亭县	七仙岭温泉旅游区(国家森林公园)	酒店、景区(点)	
	槟榔谷黎苗文化旅游区	景区(点)	
	呀诺达雨林文化旅游区	景区(点)	
琼海市	博鳌亚洲论坛永久会址	酒店、景区(点)	
	博鳌风情小镇	酒店	
	潭门南海风情小镇	特色餐饮、景区(点)	
	龙寿洋国家农业公园	景区(点)	
	市内旅游业单元集聚	旅游交通、酒店、会展、文化、景区(点)	
文昌市	航天主体公园	景区(点)	
	铜鼓岭国际生态旅游区	景区(点)	
	月亮湾旅游风景区	景区(点)、酒店	
	高隆湾旅游风景区	酒店、景区(点)	
定安县	文笔峰盘古文化旅游区	景区(点)	
	南丽湖风景名胜区	酒店、娱乐(高尔夫)	
儋州市	东坡文化旅游区	景区(点)	
	蓝洋温泉度假区	酒店	
	恒大童世界主题乐园	娱乐、酒店、景区(点)	
临高县	临高角风景名胜区	景区(点)	

续　表

昌江县	棋子湾旅游度假区	酒店	
	霸王岭国家森林公园	酒店、景区（点）	
乐东县	龙沐湾国际旅游度假区	酒店	
	尖峰岭国家森林公园	酒店、景区（点）	

海南旅游业界面集聚化发展趋势。随着旅游业集聚微观单元之间的互动不断增强，旅游业集聚单元间联系的界面逐步形成，单元界面逐步从不稳定走向相对稳定。微观单元之间的合作交流不断深入，信息共享程度和合作关系固化程度得到强化，旅游业集聚从简单的地理集中走向集聚企业之间的分工与协作。

旅游业集聚区的核心吸引物促进了旅游业单元集聚及其集聚界面的构建，提升了旅游业链的完整性，促进旅游市场高速发展。在旅游业微观单元集聚形成的早期阶段，作为旅游产业链起点的旅行社是整个旅游服务的中介节点。相对而言，旅游服务产业链起点相对单一，链条相对较短，团队游在旅游市场占据主导地位，必须把旅行社作为中介节点形成产业链。旅行社的下游行业如酒店、景区、地接、旅游交通、餐饮、娱乐、购物等均处于从属地位，必须让渡足够的利益给旅行社才能获得一定收益。旅行社作为轻资产型的行业获益最大。由于旅游业相对于其他产业收益不高，旅游业集聚受到一定的逆向影响。然而，随着旅游市场从团队游快速转变为自由人为主的大众旅游，从景区旅游走向全域旅游，旅行社不得不走专业化、特色化和精品化之路，被迫转型成为仅有辅助功能的生活性服务业。另外，由于游客借助线上专业旅行商和综合网络信息服务平台等可以获得性价比高的旅游产品和服务，宾馆、饭店、运输公司等均可以成为旅游业链上的起点，旅游产业链不同部分的核心企业都可以将非关键部分外包，从而不断延长产业链，获得更多收益。旅游业不再局限于传统的要素满足，而是与更多跨界产业融合发展。旅游业集聚界面的构建，使旅游业不同行业之间以及与跨界产业之间更加侧重于分工协作和联动协同。在加快探索建设中国特色自由贸易港的背景下，海南旅游业不再只盯着国内市场，开始把更多的注意力瞄向国际市场，必将带来海南旅游产业链在空间上的不断延伸和国际旅游资源向海南的集聚，旅游业集聚界面的建设和完善日趋重要。

随着旅游业集聚界面的不断完善,海南旅游业不同行业之间以及与跨界产业之间的协同合作不断增强,海南旅游的内涵不断扩大,旅游业不同行业间更加合理的分工协作开始带来更高品质的旅游产品和服务,产业链不断延展。例如,近年来,三亚、海口、保亭等市县不断强化"海南避暑"的理念认知,在其他省区市高温高热时段,海南以其较为稳定、相对较低的气温和良好的生态环境,逐渐赢得了以避暑为目的的国内外游客青睐,使其旅游旺季不断延长、旅游淡季不断缩短。根据相关调查,三亚、万宁、陵水、琼海、海口等旅游业发展重点市县的旅游淡季已经缩短到不足两个月。

在《海南国际旅游岛建设发展规划纲要》明确的"整体设计、系统推进、滚动开发"的空间发展模式和区域协调发展原则驱动下,海南旅游业正在形成六大集聚界面,即六大功能组团。这六个功能组团内部及其相互之间的交通通信设施正在使其成为海南旅游业集聚的重要界面。

北部滨海文化旅游区。该旅游区与海澄文一体化综合经济圈高度吻合,是以海口市为中心,包括海口和文昌二市与定安和澄迈二县的滨海文化旅游区。定安县作为未来海口产业转移发展的重点空间,将发挥愈来愈重要的基础支撑和承接产业转移的作用。文昌市以现代化航天城为发展目标,以航天科普以及卫星发射等为主导产业的发展定位,为其发展航天发射观光、航天体验、滨海旅游、航天文化、航天会展博览等旅游行业集聚创造了得天独厚的条件。澄迈县拥有世界长寿之乡、国家现代农业示范区、中国果菜无公害十强县、中国福橙之乡、中国无核荔枝之乡、中国优质地瓜之乡、中国龙舟之乡、中国最佳休闲旅游县、中国生态文化建设示范县、中国富硒产业经济区、中国咖啡第一镇、美丽中国·创新示范县、中国美丽乡村建设典范县等可转化为优质旅游吸引物的美誉,正在成为养老旅游业集聚地。作为省会城市的海口位于海南省的北部,是全省政治、经济、社会、科技、文化中心,是面向国内外的重要交通邮电枢纽,立足经济、人口、人才、教育、医疗、文化等方面的优势,积极推动旅游集散点的发展,全面提升城市化和工业化发展水平。通过提升自身各方面实力,发挥市县联动效应,目前已形成以海口市为中心的一小时旅游业经济合作圈,具有政策、区位、科技、人才、资金、信息、文化等各种有力支撑条件,面积 7965 平方千米,占海南岛面积 23.37%。该区域重点发展会议展览、娱乐文化、商业餐饮、金融保险、培训教育等现代服务产业；食品加工、生物制药、汽车制造等高新技术产业；组织开展具有海南特色的旅游项目，将会展活动、节庆活动、体育赛事等作为重点发展项目。

南部热带滨海旅游区。该旅游区也叫大三亚旅游经济圈，以三亚市为中心，涵盖三亚市、陵水黎族自治县、保亭黎族苗族自治县、乐东黎族自治县一市三县，面积 6955 平方千米，占海南岛面积 20.41％，海岸线总长 329.1 千米，占全省海岸线总长的 21.5％，海域环境良好，加上优美的热带风光，是发展热带滨海旅游度假的最佳选择之一。该组团重点发展的产业包括住宿餐饮产业、休闲疗养产业、娱乐文化产业等，按照市场供需关系，对特色旅游项目进行合理布局；积极培育体育赛事、会展活动以及文化节庆等重大旅游项目，尤其是三亚热带海滨风景名胜区，建设具有全球影响力的滨海旅游城市。以三亚市为中心建设世界一流的热带滨海旅游经济区，提升资源配置效率和利用效率，积极强化三亚旅游经济区发展，强化三亚旅游经济区的联动和辐射效应，提升目的地集聚水平，进而构建山海互补的生态格局，拉动整个区域经济发展。

中部热带雨林旅游区。海南省属于热带雨林气候，雨林资源丰富但主要集中在中部。海南岛中部作为全省生态保育区，目前正在建设海南热带雨林国家公园，涵盖多个林区，森林资源比较丰富，特有的热带雨林气候条件孕育了富有海岛特色的多样化生物生态资源；四周群山环抱，呈现昼热夜凉的山区气候特征。该地区也是黎族、苗族等少数民族主要聚居地，面积 7184 平方千米，占海南岛面积 21.07％。中部热带雨林旅游区严格遵循生态优先的可持续发展理念，协调处理经济开发和生态环境保护的关系，在保护水源地和雨林资源的同时，重点发展生态产业、绿色产业、文化产业、手工业加工产业等。尤其发展黎族、苗族等少数苗族的文化旅游项目，加大国家森林公园建设力度，积极培育和壮大旅游业对该区域经济社会发展的支撑作用，尤其是通过组织振兴、人才振兴、文化振兴、产业振兴、生态振兴五大工程实施乡村振兴战略，将旅游业集聚发展与脱贫攻坚、美丽乡村、特色小镇、文明村镇、共享农庄、乡村旅游点等建设紧密结合在一起，通过整体推进旅游业发展，助力实现农民稳定增收、农业不断发展、农村持续繁荣。

东部国际会展温泉旅游经济区。该区包括琼海和万宁两个县级市，主要以丘陵、平原为主，景观区包括奇山异石、岛屿、海滩、温泉、稀有动植物等，既有自然景观，也有历史遗迹、革命文化等人文资源。该组团重点发展旅游业和特色农业，根据资源条件布局特色旅游项目，建设以文化旅游为核心的产业集聚区。立足博鳌亚洲论坛核心品牌对国内外市场的影响力和号召力，对标和借鉴达沃斯、坎昆、新加坡、拉斯维加斯等世界知名会展目的地的建设发展经验，从政策支持、财税扶持、设施完善、模式创新、智力支撑、产业培育等方面共同发力，把博鳌建设成为世界级国际会议中心，推动琼海市成为海南东部区域中心城市，推动万宁市走与琼海市差异互补的产业发展之路，加快兴隆华侨旅游文化区的升级改造和产业再造，切实增强神州半岛、石梅湾、日月湾等旅游度假区的核心吸引力，推动旅游业在万宁优势区域实现集聚。

西部生态工业旅游区。该区总面积共计约 8400 平方千米，涵盖四个市县和一个经济开发区。该组团依托儋州工业园区、洋浦经济开发区、东方工业园区、昌江核电站、临高金牌港经济开发区等，正在发展临港工业和高新技术产业及其相关旅游业、现代服务业和具有高度融合性的高新技术产业，探索开发独具海南特色的工业旅游，培育海南旅游业为核心的创新型旅游业态，扩展旅游热点领域，重点打造核心城市，全面推动建设东坡文化园和滨海旅游带等，以恒大童世界为核心吸引物和重要载体，积极发展滨海、工业、探奇、生态等方面的旅游业。

海洋生态环境旅游区。该区域主要包括中沙、南沙、西沙等南海诸岛，还包括海南省所授权的海域，一方面，要做实做好做大三沙市海洋旅游业规模，立足海洋资源优势，重点发展海洋运输业和海洋渔业，加强海洋油气田探测和开采，在全面开发海洋新兴产业的同时，提升海洋旅游业，在确保生态环境不受破坏的前提条件下，更合理地规划海洋旅游项目，坚持海洋旅游项目的特色化和高标准。另一方面，着力加快三沙市旅游开发岛屿和海域的基础设施建设，完善三沙市旅游公共服务体系，加密三沙邮轮旅游航线、班次，依托泛南海旅游经济圈，加快凤凰岛邮轮母港产品服务体系建设，按照服务贸易创新发展试点要求加快邮轮采购、改造等。

海南旅游业网络化集聚发展趋势。随着微观单元产业集聚程度的不断提升，越来越多的微观单元交互频率不断提升。在这种背景下，知识、技术、人才等经济要素的流动性更强。随着单元信息共享程度的不断提升,合作关系更加丰富和广泛,线性合作关系也不断扩展,并向网络系统方向发展,网络关系复杂程度不断提升,并存在固化趋势,进而构成一个完整的社会网络系统。探索建设中国特色自由贸易港,要求加速人流、物流、信息流、资金流、要素流等,所涉产业不仅仅局限于旅游业,要在更为多元的产业中产生交易关联。旅游业作为主导产业之一,不仅对现代服务业具有重大基础性影响,而且能够与高新技术产业等边界更远的产业产生高强度高密度互动联通,每一个企业或产业或单元集聚均可以视为不同层级的节点,一定区域、特定时点上所有旅游业的信息沟通和往来交易促成了网络化发展格局。

海南旅游产业链条相互交织组成一个网面,开始出现旅游业网络化集聚现象。通过旅游业集聚的协同效应和辐射效应,促进产业集聚链条的进一步延伸,以及产业链上各节点更加茁壮、成熟,使之错综交织,形成网络式旅游业集聚。

海南旅游业集聚发展网络节点的基础是旅游增长中心,包括三个级别。海南省通过旅游增长中心的发展和建设,主要目的是丰富旅游资源,提升区域交通便捷程度,充分发挥旅游增长点的联动辐射效应,带动周边地区发展。其中,海口市和三亚市是一级旅游增长中心,两大城市不但是旅游中心城市,还是重要口岸,一南一北形成两大区域性旅游业集聚中心。海口市是省会城市,也被称为椰城,是我国著名的国家历史文化名城,休闲文化丰富,具有深厚的文化底蕴。三亚市是我国典型的热带海岛度假城市,景色浪漫、优美,建造了我国最高档、最集中的滨海度假酒店群,并多次组织举办国内外大型活动。按照国务院要求,海南省需要将两个城市按照国际化旅游城市标准建设,成为具有全球影响力的热带滨海城市,向全球旅客展示海口市、三亚市的城市形象,使其成为国内外游客向往的休闲之港、度假天堂,建成具有带动和辐射作用的引擎城市,由点及面,推动东中西部全面发展。

海南旅游业集聚网络节点的二级旅游增长中心是琼海市、儋州市和五指山市。这三个市分别为东部区、西部区和中部区的中心,其拥有的资源禀赋十分丰富。其中,琼海市拥有万泉河、红色娘子军、博鳌亚洲论坛等自然资源和人文资源。儋州市是海南省西北部的核心城市,不但是海南省人口最多的城市,还是海南省陆域面积最大的城市,是西部文化、通信、交通以及经济的汇集点。以五指山为核心的热带雨林景观极具特色,自然风光优美,生物资源十分丰富,其瀑布群独具一格,很有影响力。

海南旅游业集聚网络节点的三级旅游增长中心是除了一级旅游增长中心和二级旅游增长中心之外的其他城市,这些城市均为三级旅游增长城市。三级旅游城市的自然资源和人文资源相对较少,通常需要在一级旅游增长城市和二级旅游增长城市带动下才能实现一定的增长。

海南旅游业网络化集聚发展的连接线是几条以省会海口为起点和终点的特色旅游线路。东线中线特色旅游线路为:海口市→文昌市→琼海市→万宁市→陵水县→三亚市→保亭县→五指山市→琼中县→屯昌县→澄迈县→海口市。西线中线特色旅游线路为:海口市→澄迈县→临高县→儋州市→昌江县→东方市→乐东县→三亚市→保亭县→五指山市→琼中县→海口市。

第二节　历史性机遇

一、促进产业对外开放扩大

中国特色自由贸易港建设将给海南旅游业发展带来多重机遇。

1.给海南旅游业扩大对外开放带来重要机遇。根据党中央、国务院关于海南自贸港建设的战略部署,海南旅游业必须坚持开放为先,实行更加积极主动的开放发展战略,以更全面、更高水平的对外开放,相互拉动、相互促进,形成国际经济合作与竞争的旅游业引领区域。以旅游国际化水平提升为导向,加快建立开放型旅游经济新体制,促进旅游业经济健康发展。加快旅游业行业规范与制度建设,提升国际竞争力,科学发展,坚定不移贯彻创新、协调、绿色、开放、共享的发展理念,推动形成旅游业全面开放发展新格局。

2.给海南旅游业深化体制机制改革带来重要机遇。在探索建设中国特色自由贸易港进程中推进海南旅游业发展,海南必须站在更高起点谋划和推进更深程度改革,坚定改革定力,增强改革勇气,深入贯彻落实“改革只有进行时、没有完成时”的精神,下大气力破除阻碍旅游业发展的体制机制弊端,着力解决好发展质量和效益问题。不仅要从省级层面出发,更要着眼于国内新环境与世界大趋势,在激烈的竞争中有序发展,占据主动地位,不断解放和发展以旅游业为主导产业之一的社会生产力。

3.给海南旅游业深入贯彻落实新发展理念带来重要机遇。海南旅游业要深入贯彻落实新发展理念,推动旅游业转型提速,优化旅游多元发展业态,对接国家与地方战略,促进产业有效融合,加大创新力度、遵循创新思路、借鉴创新经验、引进创新人才,在为产业提速提供动能的同时,为高质量发展积累势能。深化协调发展理念,促进旅游业在全省范围内均衡集聚发展,以全域旅游为导向建设现代化旅游经济体系,在推动旅游经济高质量发展方面走在全国前列。

4.给海南旅游业绿色可持续发展带来重大机遇。海南旅游业要始终坚持可持续发展和绿色发展的基本原则,加大生态文明建设力度,打造绿色温暖旅游目的地。自觉践行绿色发展理念,努力实现绿水青山与金山银山的有机统一,在生态文明体制改革上先行一步,为全国生态文明建设做出表率,突出旅游业发展中保护优先的开发原则,主动推行旅游绿色生产生活方式,成为全国绿色旅游发展的典范。

5.给海南旅游业共享发展带来重要机遇。海南旅游业要坚持以人民为中心的发展思想,践行习近平新时代中国特色社会主义思想的重要价值追求,从不断满足人民日益增长的美好生活需要出发,不忘初心和使命,为人民谋幸福。同时要充分调动人民参与的积极性,夯实基层基础,完善机制体制,在矛盾、问题的萌芽状态将其化解,通过旅游业的健康快速可持续发展,让更多改革发展成果更公平地惠及海南人民和境内外游客。

二、促进产业发展理念创新

探索建设中国特色自由贸易港为海南旅游业发展指明了方向。海南旅游业发展也要突出中国特色,在中国情境下制定旅游业发展政策措施。借鉴而非照搬境外成功自由贸易港的经验和模式,做到取其精华去其糟粕,将中国特色铭刻在海南的旅游业发展与本国自由贸易港建设中。旅游业是目前海南最具有竞争力的产业之一,海南要利用好得天独厚的区位、资源优势,建构旅游管理体制机制,在政府的有序指导下充分发挥市场在旅游资源配置中的核心地位,推动海南省旅游业的创新发展、开放发展、绿色发展、协调发展、可持续发展。创新旅游发展路径,结合中国特色和海南区域文化,对旅游发展路径进行甄别与选择,以多元化旅游消费需求为导向整合开发旅游资源,采用高新技术促进旅游业的内部融合与外部融合。发展高端旅游相关服务业,不断完善海南旅游管理、服务、产品、营销和环境建设体系,积极推动旅游业向海南自由贸易试验区核心区和中国特色自由贸易港主要港口汇集,充分发挥旅游业集聚的规模效应和范围经济,以相对集中、相互配套、相互依存的特点形成互补优势和差异化发展,谋求集约型发展和标准化建设。打造"航母级"旅游企业,提高旅游发展主体的带动力和竞争力,建设区域型服务中心,同时促进旅游业系统演化和结构优化,形成产业布局合理、结构科学、业态新颖、热点突出的旅游业网络化发展模式。

三、促进产业发展目标聚焦

加快建设中国特色自贸港,海南旅游业必须立足中国旅游消费市场,重点面向印度洋和太平洋消费市场,构建服务于"一带一路"沿线国家和地区的旅游业体系,以休闲、度假、康复、养生、疗养、健身为重点,注重旅游形象的准确定位和富有吸引力的旅游产品开发,在推进海南旅游产品和服务国际化的同时,尽可能彰显海南区域特色和民族风情。

打造泛南海旅游经济合作圈、海南—澜湄区域旅游合作等国际旅游合作发展平台,促进国际旅游合作与旅游资源共享,坚持"引进来"与"走出去"并进的发展战略,在引入国外旅游业发展经验和模式的同时,推动海南旅游业走出去,提高海南旅游业的知名度与美誉度,把握海南旅游国际话语权和主动权。尤其要在满足海南居民美好旅游生活体验的基础上,重视国内游客的多层次需求变化,处理好旅游业带来的经济发展与生态环境、国内外游客与当地居民之间的关系,尽可能降低矛盾的冲突性与危害性。要扩大针对泛南海地区和主要境外客源市场的旅游产品和服务供给,同时兼顾旅游产品和服务质量,提高自贸港国际旅游消费产品和服务的吸引力、影响力、集聚力,提升海南甚至中国特色的品牌与形象,加快打造国际旅游消费中心。

四、促进产业制度环境优化

探索建设中国特色自由贸易港为海南旅游业发展带来了更大空间与更多可能,必将推动海南旅游发展环境的更大提升和完善,吸引更多旅游业经营主体与境内外游客。中国特色自由贸易港建设将为旅游业创造符合国际通行规则和标准的发展环境,给精准面向主要客源市场开拓发展空间和提高海南旅游业国际化水平创造更多条件和可能,不仅有助于破除旅游业发展的体制机制障碍,营造更加务实高效国际化的营商环境,吸引更多高质量高水平的旅游集团和大型企业,也必将快速推动海南旅游业内部环境提升,进而拓展旅游业自身发展空间,创设适应于海南旅游业可持续发展的内外环境。

五、促进产业新要素和新业态培育

探索建设中国特色自由贸易港不但有助于促进海南旅游业中吃、住、行、游、娱、购传统要素的优化升级和转型调整,更加有利于促进康、养、学、闲、情、奇等旅游要素的打造和强化。综合利用好传统六要素与新六要素的吸引体系,从而满足新时期旅游者日益多样化的需求,丰富海南旅游业特色内涵和国际品位,构建多层次、多方位、多角度的旅游业吸引(物)体系,推动旅游业与康养、医疗等产业的融合,凸显海南在全国旅游业发展中的示范引领和创新探索地位,为海南旅游业新要素、新业态、新热点的培育和壮大,有选择地重点发展适应当前发展形势的度假旅游、游学旅游、康养旅游等多元业态,提供全面系统的支持和保障。

国家鼓励海南在探索建设中国特色自由贸易港进程中大力推进"＋旅游"发展。第一,必将加快海南旅游业与医疗产业的深度融合,不断引入新药品、新装备以及新技术等,通过这种方式,为境外患者提供便利化政策,促进医疗旅游进一步发展。第二,必将加快海南文化产业与旅游业的深度融合,提升新兴文化产品和服务的消费水平,包括网络文化、动漫文化以及数字文化等,以传统文化为基础,加快海南消费升级。第三,必将推动海南体育产业和旅游业深度融合,加强训练中心和体育基地建设,重点发展赛马项目、沙滩项目以及水上项目,通过重点发展体育旅游业,建立范式体育旅游业,为其他地区文旅产业发展提供借鉴；积极申请举办国际一流赛事，由此提升体育旅游发展水平。第四，必将推动海南加快形成"互联网＋消费旅游"新业态发展布局，建设具有国际号召力的大型消费商圈，并进一步深化互联网和旅游消费的深度融合，全面推动智慧商圈和智能店铺的建设，为跨境消费提供更多便利。第五，必将推动海南进一步发展"会展＋旅游"新业态，举办国际商品博览会和国际电影节。第六，必将激励海南大力发展"农业＋旅游"新业态，向境内外游客展示热带岛屿独特的自然和人文景观、热带岛屿园艺型农业、热带岛屿示范型农业、热带岛屿观光型农业、热带岛屿体验式农业，并加快宝岛农村闲置住房个性化改造，大力建设一房一院一地的共享农庄，为当地城市居民享受田园生活，为境内外游客度假养生创造更多选择，进而助推现代热带农业现代化和乡村振兴战略实施。

六、促进产业集聚发展策略完善

海南探索建设的中国特色自由贸易港，不同于已有自由贸易港，这是全面深化改革开放步入"无人区"的重大探索实践，重要任务之一是为全国全面深化改革开放探索可复制、可推广的制度创新经验。对旅游业而言，海南不仅要探索总结可供推广的旅游业转型发展经验，尤其要在旅游业发展重点方向、关键环节、核心任务、主要措施、有效手段等方面进行系统创新探索，形成服务于全面深化改革开放、对中国特色自由贸易港建设具有关键支撑作用的体制和制度创新经验；还要立足海南发展实际，面向国内国际两大市场，探索创新具有中国特色且符合国际通行规则的旅游产品和服务。在探索前行的过程中，海南必须注重优化顶层设计与提高资源利用率，重视人才，尤其是高素质创新人才的作用，扩大群众参与性，从社会、企业、政府三个维度在实践中寻求更符合自身的发展路径和策略。

七、促进产业发展重点聚焦

探索建设中国特色自由贸易港的政策和战略指明了海南旅游业重点发展领域：第一，以打造国际旅游消费中心为战略核心，承担新时代赋予海南的新的历史使命，要摸着石头过河，敢为人先、敢闯敢试，率先在全国探索打造区别于传统旅游发展模式和产业特色、面向全球的国际旅游市场。第二,以供给侧结构性改革为主线,着力推动海南旅游业结构优化调整和转型升级,加快旅游业集聚发展,形成旅游业网络化发展格局,培育在全球具有一定影响力的跨国旅游集团。第三,紧扣国家发展战略和地方经济发展要求,突出经济特区、海南国际旅游岛建设、全域旅游示范省创建、海南自由贸易试验区和中国特色自由贸易港等优势,重点服务于"一带一路"和泛南海区域合作,打造中国最具国际竞争力和民族特色的旅游目的地。

八、促进产业结构优化

1.在海南国际旅游岛建设政策已使海南旅游业形成集聚发展趋势的基础上,自贸港政策给海南旅游业集聚发展演化和结构优化带来新的重要机遇。

近年来,为进一步推动旅游业发展和规范旅游市场、提供更好的旅游服务,国家和海南省出台了一系列促进海南省旅游业发展的政策措施。2010年颁布的《国务院关于推进海南国际旅游岛建设发展的若干意见》,使海南国际旅游岛建设上升为国际战略,国家给予大量政策和资金支持。2011年4月20日,海南国际旅游岛开始实施离岛旅客免税购物政策。当时的政策是,如果游客通过空运离岛,则对免税产品进行限量、限值、限次、限品处理,免税货物付款可以在实施离岛免税政策的商店进行,在机场隔离区提货离岛。免税税种为关税、进口环节增值税和消费税。旅客每人每次可享有不超过5000元的单次免税购物金额,岛内居民则限制每人每年只可享受一次该免税政策,但免税商品种类较少,每种商品免税购买数量在2~5件。2012年10月,财政部调整海南离岛旅客免税购物政策,将免税购物金额上调为8000元,小幅度扩展了免税商品数量范围,把免税商品品种由18种增加至21种。2015年2月,财政部第二次调整海南离岛旅客免税购物政策,将零售包装的婴儿配方奶粉、保健食品、家用医疗器械等17种消费品纳入离岛免税商品范围,同时放宽化妆品、服装服饰等10种热销商品的单次购物数量限制。2016年1月,财政部第三次调整免税购物政策,改变了此前限次、限值、限量的免税购物限额管理方式,对非岛内居民旅客取消购物次数限制,但规定每人每年累计免税购物限额不超过1.6万元人民币。2017年1月,财政部第四次调整政策,将海南铁路离岛旅客纳入离岛免税政策适用对象范围,铁路离岛旅客凭个人离岛车票及有效身份证件可购买免税商品,同一旅客在同一年度内乘飞机和乘火车免税购物合并计算。这些政策已使海南旅游业集聚发展取得明显成效。

近两年强力推进自贸港建设的一系列政策举措,又给海南旅游业的集聚发展带来了新的历史性机遇。2018 年 4 月出台的《中共中央、国务院关于支持海南全面深化改革开放的指导意见》,明确了海南自贸港国际旅游消费中心的定位,要求不断提升旅游消费产业对外开放程度,挖掘旅游消费产业活力,培育旅游消费产业的全新业态,全面改善海南省旅游产品和服务质量,不断提升旅游产品和服务的国际化水平,打造品牌聚集、业态丰富的国际旅游消费胜地,开发具有鲜明特色的主导产业。与此同时,放开文化娱乐演艺市场,发展即开彩票、体育彩票、赛马等项目,进一步完善离岛免税购物政策,释放政策红利,推动海南旅游业加快从景点旅游为主向景点和购物旅游为主转变,不断提高海南旅游业对国内游客吸引力,持续扩大人流、物流、资金流和信息流规模。

中央批准海南从 2018 年 5 月 1 日起开始实施 59 国人员入境免签政策,进一步加大了海南全面深化改革开放的支持力度。此次实施的入境免签政策有三个重点利好:第一,将原有的 26 个免签国家范围扩大至 59 国。第二,将原有的 15 天或 21 天免签停留时间统一延长至 30 天。第三,放宽原有的团队免签至个人免签,放开了免签人数限制。2013 年 2 月,国务院正式批复海南设立全国唯一一家医疗旅游试验区——博鳌乐城国际医疗旅游先行区,赋予先行区九条特殊优惠政策,2019 年 9 月,国家四部委又联合印发《关于支持建设博鳌乐城国际医疗旅游先行区的实施方案》,明确了多项支持政策。这些政策已经吸引了国内外大量优质医疗旅游资源集聚。

总之,在前几年国际旅游岛和近两年自贸港政策推动下,海南旅游业结构一直在发生演化和优化。第一,离岛免签政策有效地刺激了游客购物需求,使海南游客消费结构不断变化。2018 年海南省共实现免税销售额 101 亿元,购物人数 288 万人次,同比分别增长 26% 和 20%。2019 年上半年实现免税销售额 65.82 亿元,旅客购买 169.79 万人次,较 2018 年同期相比增长 26.56%。第二,59 国免签政策推动更多外国游客来海南旅游,有效抑制了海南国内游比重不断增加、国际游比重连年下降的局面。2019 年上半年海南全省入境外国人 62.3 万余人次,同比增长 24.6%;出入境航班 1.8 万余架次,同比增长 25.0%,其中 59 国免签入境人数 46.1 万余人次,同比增长 33.0%。第三,博鳌先行区的医疗旅游政策,创造了海南旅游的新产品和新服务,游客来海南不仅可以休闲度假、观光旅游,还可以享受高端医疗旅游服务。2019 年上半年,乐城先行区接待医疗旅游人数约 2.25 万人次,同比增长 40.6%;医疗机构营业收入同比增长 139.1%。自贸港政策正在促进旅游消费向海南集聚,给海南旅游业集聚发展和结构演化优化带来了重要历史机遇。

2. 自贸港建设的市场拉动给海南旅游业结构演化和优化带来重要机遇。在海南自贸港建设的拉动下,海南旅游基础设施正在不断完善。

海南已经建成 3 个国际机场,其中海口美兰机场和三亚凤凰机场 2018 年客运量均超过 2000 万人次;同年海南省已有境外航线 74 条,2020 年海南境外航线将突破 100 条。此外,全球前 22 家国际酒店集团旗下的 61 个酒店品牌已入驻海南,包括全球第三家亚特兰蒂斯酒店在内的 157 家按五星级标准建设的国内外知名品牌酒店已开业营运,使海南成为中国国内外品牌酒店最集中、最多元的地区。在旅游产品方面,海南全岛目前已建成多个成熟的滨海旅游度假区、国际大型游乐设施集群、风格各异的高尔夫球场。目前,共有 45 家高尔夫球会、58 个高尔夫球场,球场品质十分优良,在国际权威机构百佳球场评选中,海南共有 5 个球场入选。此外,天涯海角、蜈支洲岛、南山、长影环球 100、三亚梦幻海洋不夜城等众多旅游公园和景区景点,已经成为广受游客欢迎的海南旅游产品。

海南旅游业集聚发展趋势得益于免签政策和交通通达性,通过进入性的不断增强扩大对国内外游客吸引力,对旅游业发展演化和结构优化产生积极影响。旅游管理、服务、产品、环境等竞争力的不断提升,旅游信息化的不断提高和各类专业人才的集聚,正在加快海南旅游业演化和结构优化。

境外自由贸易港建设的实践表明,在产业链、供应链和服务链的共同驱动下,生产性、服务性产业必然在港口及周边地区集聚,形成临港型产业经济发展模式。海南作为一个相对封闭的地理单元,主要依靠空运、海运开展贸易。海南岛及众多散布于南海的岛屿,拥有诸多天然良港和专门性港口。自贸港建设必然推动海南旅游业向海港、空港及周边地区集聚,也必然促使海南形成更具竞争力和影响力的旅游综合体和特色旅游业园区,必然深刻影响海南旅游业演化进程,传统的高投入、低效率、低产出、低效能的旅游业结构必然快速向低投入、高效率、高产出、高效能的旅游业结构转变。

与此同时,市场拉动也推动海南旅游产品不断丰富,游客结构随之发生重要变化。根据海南省旅游和文化广电体育厅关于 2018 年海南省国内过夜游客花费情况的抽样调查报告,2016—2018 年,到海南旅游的国内过夜游客的目的已经变成以"休闲/度假"为主,占比高达 46.68%,说明海南旅游产品和服务在不断优化;以参加会展为目的的游客比例也在增加,说明在自贸港建设背景下,海南会展产业基础设施正在日趋完善,会展产品和服务正在不断改善(见图3.1)。

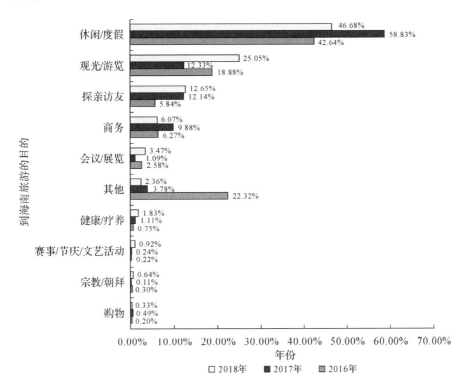

图 3.1　2016—2018 年到海南的国内过夜游客的目的构成

第三节　新要求

党中央国务院明确要求,海南自贸港的建设要以旅游业、现代服务业和高新技术产业为主导产业。海南旅游业要成为中国特色自由贸易港建设的第一主导产业,必须尽快提高发展质量和效益,必须通过培育大型旅游市场主体和以旅游园区为载体的大型旅游业集群,全面提升海南旅游业规模经济效益;也必须通过旅游企业之间的联系和组织互动,促进旅游业发展新理念、新业态、新产品和新服务传播,通过旅游业集群和园区内不同企业管理人员与技术人员的定期交流会带来创新灵感,促进知识技术外溢;更需要通过吸引更多国内外旅游企业进入旅游产业集群或园区,通过旅游产业集群或园区内企业间的同业竞争改变思维定式、提高服务意识,减少垄断、降低成本以获得竞争效益。这些目标都必须通过旅游业集聚发展才能实现。因此,自贸港建设给海南旅游业集聚发展提出了很多新要求。

一、体制机制创新新要求

海南全岛建设自由贸易试验区和中国特色自由贸易港,要以制度创新为核心,大胆试、大胆闯、自主改,在企业制度、内外贸、投融资等方面积极尝试具有针对性的政策制度,建立更高标准的管理模式和监督机制,不断提升其国际化、法治化水平,加快形成法治化、国际化、便利化、国际一流的营商环境,以及公平、开放、统一、高效的市场环境。这对海南旅游业集聚发展提出了着力推进体制机制创新的新要求。

1.创新体制机制促进海南旅游业高质量集聚发展的新要求。自贸港建设旨在探索通过发展特色产业打造高质量发展的新模式,自贸港旅游业也应通过体制机制创新打造高质量集聚发展的新模式。因此,海南推动旅游业集聚发展必须以供给侧结构性改革为主线,加快旅游业发展体制创新的改革步伐,完善旅游业集聚发展的制度安排和政策体系,构建旅游业集聚发展质量变革的体制机制,提高旅游业和服务的供给体系质量,加快旅游业集聚发展转型升级,提高旅游产品和服务的数字化、网络化、智能化、绿色化发展水平;通过制度、要素、服务、市场等经济要素的高质量供给,形成法治化、国际化、便利化、国际一流的旅游业营商环境,以及公平、开放、统一、高效的旅游业集聚发展市场环境,提升旅游业集聚区对各种经济要素的吸引能力。

2.创新体制机制促进海南旅游业集聚发展效率变革的新要求。自贸港建设要求的核心要义是围绕处理好政府和市场的关系,使市场在资源配置中起决定性作用,更好发挥政府作用,使得市场机制有效、微观主体有活力和宏观调控有度。因此,海南旅游业集聚发展必须利用市场"无形之手"的力量,强化旅游要素市场化配置,完善旅游业产权制度,推动旅游资源向优质企业、优质旅游行业和服务集中。发挥政府"有形之手"的影响,夯实市场基础性制度建设,深化产权制度改革,完善公平竞争的市场环境;以深化营商环境综合改革为抓手,加快转变政府职能,持续深化"放管服"改革,切实解决旅游业集聚发展全生命周期遇到的痛点、堵点和难点。

3.创新体制机制适应海南旅游业集聚发展动力变革的新要求。海南全岛建设自由贸易试验区和加快建设中国特色自由贸易港的战略路径之一是经济社会发展的动力变革。动力变革不是在现有的旧结构下寻找稳增长的"药方",而是要在经济转型升级的新趋势、新结构下寻找新动能、新增长的源泉。自贸港建设及其旅游业集聚发展,必须走创新驱动道路,实现新旧动能顺利转换。人才是第一资源,要深化人才发展体制改革,重视人才、引育人才和留住人才;加快引进、培养和造就一大批具有国际水平的战略科技人才、科技领军人才、青年科技人才和高水平创新团队,促进各类人才合理流动,更大程度地调动企业家、科学家、技术人员和其他人才的主动性、积极性和创造性;搭建政产学研用协同创新平台、大力推进大众创业万众创新、健全科技人才引育用政策、积极引导科技人才服务基层、完善科技人才服务保障体系。要厚植尊重人才创新的土壤,实施最严格的知识产权保护制度,加快营造有利于创新的经济社会环境。

二、开放式集聚发展新要求

进入新时代以来,中国步入新的开放发展阶段,实现了从自身开放到引领全世界共同开放的历史性转变。海南作为最大的经济特区,肩负着在全岛

3.54万平方千米范围内建设自由贸易试验区、探索建设中国特色自由贸易港、推动旅游业集聚发展、打造海南国际旅游岛升级版的历史重任,必须按照全面深化改革开放试验区、国家生态文明试验区、国际旅游消费中心、国家重大战略服务保障区的"三区一中心"战略定位,率先探索全面深化改革开放,尽快形成全方位对外开放的新格局。

"一带一路"倡议六年来的实践证明,多方共建"一带一路"不仅为世界各国发展提供了新机遇,也为中国开放发展开辟了新天地。目前,国际社会已经就高质量共建"一带一路"达成广泛共识。海南作为重要的战略支点,在共建21世纪海上丝绸之路进程中承担着愈来愈重要的国家责任和历史使命,已经成为国家周边经济外交的重要抓手和支撑平台。在全球化、区域一体化发展更趋深入的大趋势下,海南必须切实履行率先全面深化改革开放的使命责任和担当,积极参与面向太平洋和印度洋构建的新型区域经济合作机制,以泛南海经济合作圈为依托,充分发挥市场决定性作用和企业主体作用,承担起国家与"一带一路"沿线国家及地区深化共建共商共享关系的战略支点作用。

海南要在"一带一路"建设中发挥更重要作用,充分发挥旅游业在促进不同国家和地区之间人文交流的独特作用,巩固其在海上丝绸之路的战略支点,通过自身发展带动沿线国家和地区自贸区和自贸港建设,从而形成以南海为依托,以海洋渔业和旅游业为核心的泛南海经济合作圈,以海南为基础构建国际一流的交流合作大平台,打造我国面向太平洋和印度洋的重要对外开放门户。

海南要对标国际高标准,加快推进以旅游业为先导的服务业市场全面开放,打造以服务贸易为重点的对外开放新高地和"具有世界影响力的国际旅游消费中心",勇于突破现有体制机制障碍,率先形成消费主导的经济增长新格局。

海南作为深化改革和扩大开放的试验田,必须在硬实力和软实力、硬功夫和软功夫上同时发力,尤其是培育和壮大旅游业全面开放的内生动力,以旅游业集聚发展为目标推动供给侧结构性改革,开展文旅强省建设,持续提升文化自信,营造开放包容的发展环境,加快海南旅游业集聚发展,引领全省经济社会发展质量和效率的提升。

三、营商环境完善新要求

海南步入自贸港建设新发展时期，制度创新成为改革发展的核心，拥有较之以往更大的改革自主权，以"放管服改革"为切入点，大胆试、大胆闯、自主改，必须从政策环境、市场环境、社会环境、文化环境和生态环境等多维度推动海南自贸港创建发展新模式，取得更多富有实效的创新成果，彰显海南全面深化改革开放的试验田价值。

海南旅游业作为中国特色自由贸易港的第一主导产业，其集聚发展必须积极和全面吸收已有自由贸易区与自由贸易港的政策、体制和做法，以更大的改革勇气和更积极的探索精神，在市场体系、制度规则、知识产权保护、劳工标准、竞争中立等方面与国际惯例接轨，率先实现投资自由化、贸易自由化、资金流动自由化、境外专业人员和跨境数据的流动自由化，必须对标国际先进规则，形成更多具有国际竞争力的制度安排，形成海南旅游业全方位开放的创新生态系统，尽快形成能够吸引内外旅游资源集聚的法治化、国际化、便利化、国际一流的营商环境，以及公平、开放、统一、高效的市场环境；建立健全市场法治体系，提升知识产权保护水平，通过全面的法治化改革，形成有法可依、有法必依的法治环境，以法治为基础建立知识产权保护的长效机制，全面推动经济要素的市场化改革，创造更加优质的环境保护制度。

四、政策体系优化新要求

海南自贸港对旅游业集聚发展具有强烈的指引性，海南旅游业集聚发展必须具有中国特色自由贸易港的应有特征。这就要求海南更为积极主动地健全市场运行体系，打造金融服务完善、监管安全高效、辐射带动作用突出的高标准旅游业集聚发展园区，主动融入全球旅游产业链、供应链、价值链三链综合枢纽和战略支点的跨境网络，建新健全具有全球影响力和国际竞争力的旅游业集聚发展政策和制度支撑体系，构建国际化的旅游业集聚功能型平台，打造集聚一批世界一流旅游企业的总部，形成有利于全球旅游高端要素资源配置的核心功能。

第一，建立健全以创新体系为主体的旅游业集聚发展政策体系，引导和推动旅游业及其相关服务业产品和服务共性技术研发,通过建立旅游业及其相关服务业产品和服务共性技术转移平台,实现旅游业及其相关服务业新业态新模式科研信息的有效流通,为旅游企业提供更多智力支持。第二,加大对青年创新创业政策和资金等方面的支持力度,确保科技资金的使用效率和透明度。第三,建立健全公正公平的竞争环境,积极培育以生态为核心的旅游业组织体系,建立高度统一和标准的旅游业主要行业的竞争机制,实现不同类型旅游企业公平公正竞争,消除对旅游企业所有制条件的限制,继续建立健全市场淘汰机制,促使旅游业结构演化升级,以市场机制引导旅游市场正常运行。在建立健全公共服务体系的同时,加强孵化器培育,不断改善高技术企业创新发展环境,以新兴市场和技术为依托进行多样化探索,构建更加宽松的市场发展环境。第四,建立健全多层次多渠道的旅游人才培养机制,针对旅游业集聚发展出台具有吸引力的人才政策,积极引入并培养高层次旅游管理和技术人才。第五,针对旅游业各主要行业出台差异化的产业发展政策,避免行业陷入同质化竞争。第六,对旅游业审慎实施产业政策干预,产业政策应该重点支持旅游业集聚发展,打造具有全球影响力和国际竞争力的政策和制度支撑体系,从而提升产业政策效率,发挥产业政策效能。

第四节　本章小结

本章首先研判海南旅游业集聚发展的基本趋势,接着分析海南全岛建设自由贸易区、加快探索建设中国特色自由贸易港给海南旅游业集聚发展带来的重要历史机遇,最后分析自贸港建设对创新海南旅游业集聚发展体制机制、扩大对外开放、构建国际一流营商环境、优化旅游业政策体系等提出的新要求。

第四章　海南旅游业集聚度测算与比较

海南全岛建设自由贸易试验区,加快推进中国特色自由贸易港建设,不仅对海南旅游业提出了集聚发展的新要求,而且已经推动海南旅游业开始形成单元集聚化发展、界面集聚化发展和网络化集聚发展的新趋势。本章采用不同的测度方法,具体评价海南旅游业集聚发展的现状与特征。

旅游业集聚发展一般要经历旅游企业在地理上的集中,企业间逐渐建立联系,最终形成一个稳定组织生态的过程。建省办经济特区以来,海南旅游业得到持续高度关注,旅游景区、旅游酒店、旅行社和旅游商业等行业在一些地区出现了集聚发展态势。战略定位和政策导向是不是海南旅游业集聚发展的动因? 海南旅游业集聚发展在我国 31 个省区市范围内是否具有显著的优势地位? 海南集聚水平处在什么位置? 海南旅游业集聚在省域内是否均衡? 与全球公认的高水平自由贸易港且是国际知名旅游目的地香港相比,与新加坡和迪拜相比,海南旅游业集聚及其分布是否与其经济发展水平和规模契合? 目前的集聚发展呈现何种趋势? 这些问题都需要定量评级和分析才能予以回答。

第一节　区位熵测算及与其他省区市的比较

一、测算方法

区位熵由哈盖特(P. Haggett)首先提出并应用于衡量某一产业部门的专业化程度及该产业在高层次区域的地位和作用。本章首先采用区位熵分析方法测度海南旅游业集聚发展水平及海南旅游业在全国旅游业发展中的地位和作用。其计算公式为:

$$LQ_{ij} = \frac{q_{ij}/q_j}{q_i/q} \tag{4.1}$$

在此公式中，LQ_{ij} 代表 j 地区 i 产业（本节中的旅游业）在全国的区位熵，q_{ij} 代表 j 地区 i 产业（旅游业）产值、A 级景区营业收入或星级酒店营业收入；q_j 代表 j 地区所有产业的总收入。q_i 代表全国 i 产业（旅游业）总产值、A 级景区营业总收入或星级酒店营业总收入；q 代表全国所有产业的总收入（即全国GDP）。

LQ_{ij} 值越大，表明 j 地区旅游业集聚程度越高，该地区旅游业在全国的地位越重要。当 $LQ_{ij} > 1$ 时，表明 j 地区旅游业集聚水平较高，在全国旅游业中具有优势；当 $LQ_{ij} < 1$ 时，j 地区旅游业在全国旅游业中没有优势。

二、数据来源与数据说明

本研究从三个维度测算我国 31 个省区市旅游业的区位熵。第一，分别以 2013—2019 年 31 个省区市的旅游业收入为 q_{ij}，分别以同期 31 个省区市的 GDP 为 q_j，以同期全国旅游业总收入为 q_i，以同期全国 GDP 为 q 进行测算。第二，分别以 2013—2018 年 31 个省区市 A 级景区营业收入为 q_{ij}，分别以同期 31 个省区市的 GDP 为 q_j，以同期全国 A 级景区营业总收入为 q_i，以同期全国 GDP 为 q 进行测算。第三，分别以 2013—2018 年 31 个省区市的星级酒店营业收入为 q_{ij}，分别以同期 31 个省区市 GDP 为 q_j，以同期全国星级酒店营业总收入为 q_i，以同期全国 GDP 为 q 进行测算。

2013—2019 年旅游收入和 GDP 数据源于国家国民经济和社会发展统计公报和各省区市国民经济和社会发展统计公报。最新的中国旅游统计年鉴为 2019 版，各省区市 A 级景区收入和星级酒店营业收入最新数据截至 2018 年。2013—2018 年各省区市 A 级景区营业收入和星级酒店营业收入来自《中国旅游统计年鉴》。

三、测算结果

将以上数据代入产业区位熵计算公式，得到的测度结果见表 4.1 至表 4.3 和图 4.1 至图 4.6。

表 4.1 基于旅游收入的 31 个省区市 2013—2019 年旅游业区位熵

省区市	2013 年		2014 年		2015 年		2016 年		2017 年		2018 年		2019 年	
	LQ_{ij}	位次	LQ_{ij}	位次	LQ_{ij}	位次	LQ_{ij}	位次	LQ_{ij}	位次	LQ_{ij}	位次	LQ_{ij}	位次
广东	1.029	15	0.994	18	0.937	17	0.847	23	0.71	28	0.676	28	0.638	29
江苏	0.937	19	0.914	20	0.85	21	0.786	27	0.717	27	0.692	27	0.652	28
浙江	1.135	10	1.145	12	1.096	12	1.015	14	0.956	18	0.861	21	0.794	25
山东	0.73	26	0.637	26	0.738	27	0.699	29	0.673	29	0.662	30	0.708	26
四川	1.138	9	1.252	7	1.361	6	1.386	6	1.281	7	1.202	8	1.129	15
贵州	2.23	1	2.270	1	2.194	1	2.529	1	2.784	1	3.094	1	3.358	1
云南	1.389	5	1.510	4	1.589	4	1.893	3	2.245	2	2.432	2	2.156	3
安徽	1.218	7	1.202	10	1.233	9	1.195	8	1.218	9	1.167	11	1.042	18
河北	0.545	30	0.636	27	0.759	26	0.86	22	0.937	19	0.825	22	1.204	13
山西	1.409	4	1.629	2	1.778	3	1.928	2	1.833	3	1.935	3	2.139	4
福建	0.81	23	0.822	24	0.798	25	0.809	25	0.839	22	0.896	20	0.867	21
陕西	1.025	17	1.041	13	1.098	11	1.164	9	1.167	10	1.187	9	1.269	10
上海	1.059	13	1.038	14	0.917	18	0.803	26	0.777	25	0.754	26	0.682	27
天津	1.159	8	1.165	11	1.113	10	1.026	13	1.015	16	1.008	17	1.362	9
重庆	1.078	12	1.026	15	0.943	16	0.883	19	0.904	20	1.032	14	1.102	17
海南	1.048	14	1.012	16	1.018	14	0.979	16	0.966	17	0.951	18	0.904	19

续表

省区市	2013年		2014年		2015年		2016年		2017年		2018年		2019年	
	LQ_{ij}	位次	LQ_{ij}	位次	LQ_{ij}	位次	LQ_{ij}	位次	LQ_{ij}	位次	LQ_{ij}	位次	LQ_{ij}	位次
宁夏	0.38	31	0.379	31	0.364	31	0.383	31	0.429	31	0.386	31	0.412	30
西藏	1.574	2	1.618	3	1.797	2	1.703	4	1.537	6	1.604	6	1.495	7
湖南	0.827	22	0.824	23	0.846	22	0.884	18	1.123	12	1.110	13	1.114	16
河南	0.929	20	0.913	21	0.896	19	0.844	24	0.804	24	0.817	23	0.828	23
湖北	1.001	18	1.001	17	0.962	15	0.883	20	0.825	23	0.780	24	0.065	31
新疆	0.654	27	0.512	29	0.722	28	0.86	21	0.8891	21	1.023	16	1.212	12
青海	0.581	29	0.640	25	0.676	29	0.714	28	0.772	26	0.773	25	0.859	22
广西	1.102	11	1.213	9	1.275	8	1.356	7	1.599	5	1.811	4	2.188	2
北京	1.566	3	1.466	5	1.321	7	1.159	11	1.036	15	0.945	19	0.799	24
黑龙江	0.741	25	0.382	30	0.594	30	0.617	30	0.637	30	0.666	29	0.895	20
吉林	0.877	21	0.977	19	1.084	13	1.161	10	1.246	8	1.352	7	1.904	5
辽宁	1.261	6	1.350	6	0.879	20	1.125	12	1.075	14	1.024	15	1.134	14
内蒙古	0.642	28	0.577	28	0.833	24	0.887	17	1.102	13	1.122	12	1.226	11
甘肃	0.752	24	0.833	22	0.835	23	1.004	15	1.124	11	1.173	10	1.395	8
江西	1.026	16	1.232	8	1.429	5	1.599	5	1.708	4	1.792	5	1.770	6

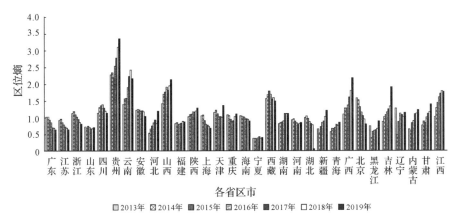

图 4.1　基于旅游收入的 31 个省区市 2013—2019 年旅游业区位熵

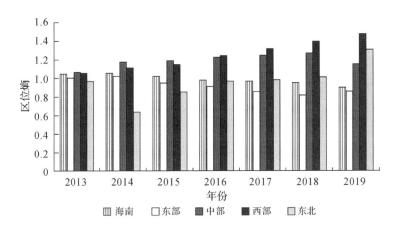

图 4.2　基于旅游收入的海南、四大区域 2013—2019 年旅游业区位熵

表 4.2 基于 A 级景区营业收入的 31 个省区市 2013—2018 年旅游业区位熵

省区市	2013 年		2014 年		2015 年		2016 年		2017 年		2018 年	
	LQ_{ij}	位次	LQ_{ij}	位次	LQ_{ij}	位次	LQ_{ij}	位次	LQ_{ij}	位次	LQ_{ij}	位次
广东	0.582	24	0.518	26	0.392	27	0.366	28	0.338	28	0.348	29
江苏	0.994	16	0.679	19	0.632	21	0.529	23	0.509	23	0.522	25
浙江	1.246	10	1.111	10	0.866	15	0.898	15	0.835	15	0.814	17
山东	0.805	21	0.930	12	0.747	16	0.696	18	0.709	18	0.741	19
四川	1.339	8	2.232	3	2.545	3	2.499	4	2.513	4	2.960	3
贵州	1.031	14	1.987	5	2.401	4	4.216	2	4.457	2	4.266	2
云南	1.551	7	1.065	11	1.262	10	1.163	12	0.823	16	0.883	14
安徽	2.160	2	2.109	4	2.206	5	2.111	5	2.006	5	1.984	5
河北	0.568	25	0.501	27	0.587	22	0.548	22	0.476	26	0.556	23
山西	0.979	17	1.782	6	1.578	6	1.633	6	1.325	9	1.684	7
福建	0.536	26	0.666	21	0.481	23	0.292	29	0.579	21	0.731	20
陕西	1.188	11	0.759	15	0.950	14	1.165	11	1.278	10	1.411	10
上海	0.446	29	0.303	29	0.261	29	0.254	30	0.338	29	0.242	30
天津	0.327	31	0.220	31	0.211	30	0.208	31	0.226	31	0.216	31
重庆	0.996	15	0.744	16	1.208	11	1.267	10	1.116	11	1.268	12
海南	1.847	4	1.423	7	1.482	8	1.519	8	1.538	8	1.603	9

续　表

省区市	2013 年		2014 年		2015 年		2016 年		2017 年		2018 年	
	LQ_{ij}	位次	LQ_{ij}	位次	LQ_{ij}	位次	LQ_{ij}	位次	LQ_{ij}	位次	LQ_{ij}	位次
宁夏	0.929	19	0.708	17	0.743	17	0.665	20	0.676	19	0.658	22
西藏	1.613	6	0.706	18	0.006	31	0.759	17	0.304	30	0.797	18
湖南	1.144	12	1.354	8	1.535	7	1.486	9	1.542	7	1.672	8
河南	0.692	22	0.608	24	0.466	24	0.505	24	0.482	25	0.505	26
湖北	0.938	18	0.878	13	1.007	13	1.148	13	1.068	12	1.266	13
新疆	0.373	30	0.677	20	1.086	12	0.916	14	0.972	13	1.403	11
青海	1.991	3	2.539	2	2.560	2	3.008	3	3.091	3	2.528	4
广西	0.904	20	0.525	25	0.655	20	0.623	21	0.720	17	0.830	16
北京	1.044	13	0.620	22	0.457	25	0.396	27	0.370	27	0.374	28
黑龙江	0.447	28	0.619	23	0.672	19	0.676	19	0.602	20	0.685	21
吉林	1.660	5	0.377	28	0.424	26	0.472	25	0.487	24	0.530	24
辽宁	0.521	27	0.787	14	0.710	18	0.815	16	0.836	14	0.847	15
内蒙古	0.646	23	0.244	30	0.371	28	0.439	26	0.528	22	0.493	27
甘肃	1.266	9	1.141	9	1.465	9	1.582	7	1.931	6	1.867	6
江西	4.943	1	6.686	1	6.680	1	5.886	1	5.742	1	5.988	1

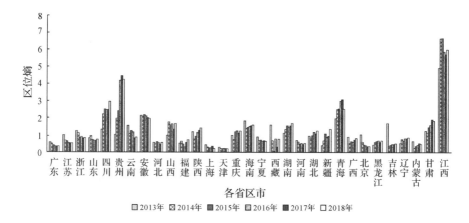

图 4.3　基于 A 级景区营业收入的 31 个省区市 2013—2018 年旅游业区位熵

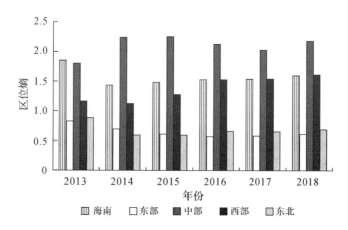

图 4.4　基于 A 级景区营业收入的海南、四大区域 2013—2018 年旅游业区位熵

表 4.3　基于星级酒店营业收入的 31 个省区市 2013—2018 年旅游业区位熵

省区市	2013 年		2014 年		2015 年		2016 年		2017 年		2018 年	
	LQ_{ij}	位次	LQ_{ij}	位次	LQ_{ij}	位次	LQ_{ij}	位次	LQ_{ij}	位次	LQ_{ij}	位次
广东	1.079	12	1.083	10	0.981	11	1.005	9	0.955	12	1.045	12
江苏	0.814	18	0.801	17	0.799	16	0.786	18	0.774	18	0.825	18
浙江	1.519	6	1.744	5	1.579	5	1.586	5	1.465	5	1.572	5
山东	0.683	23	0.665	23	0.620	23	0.626	24	0.642	24	0.724	24
四川	0.884	15	0.745	21	0.798	17	0.651	22	0.681	21	0.815	19
贵州	0.848	16	0.828	16	0.822	15	0.838	14	0.785	16	0.777	20
云南	1.529	5	1.085	9	1.126	10	0.967	11	0.973	10	1.448	7
安徽	0.773	22	0.784	19	0.772	19	0.780	19	0.770	19	0.836	17
河北	0.656	25	0.603	25	0.596	24	0.594	25	0.634	26	0.764	22
山西	0.971	13	0.841	15	0.590	25	0.649	23	0.640	25	0.718	25
福建	1.229	8	1.198	8	1.171	8	1.152	8	1.086	9	1.203	10
陕西	0.836	17	0.788	18	0.931	12	0.831	15	0.882	14	0.943	15
上海	2.123	3	2.554	3	2.589	3	2.731	3	2.822	4	2.894	4
天津	0.508	28	0.529	27	0.484	28	0.533	28	0.534	28	0.565	28
重庆	0.914	14	1.002	12	0.924	13	0.893	13	0.782	17	1.090	11
海南	4.028	1	3.836	2	4.146	1	4.170	1	4.137	1	4.209	2

续　表

省区市	2013年		2014年		2015年		2016年		2017年		2018年	
	LQ_{ij}	位次	LQ_{ij}	位次	LQ_{ij}	位次	LQ_{ij}	位次	LQ_{ij}	位次	LQ_{ij}	位次
宁夏	1.139	9	0.911	13	0.886	14	0.926	12	0.971	11	0.912	16
西藏	2.062	4	2.287	4	1.689	4	1.931	4	3.283	3	5.419	1
湖南	0.777	20	0.897	14	0.754	20	0.769	20	0.724	20	0.728	23
河南	0.371	31	0.319	31	0.337	31	0.534	27	0.526	29	0.561	29
湖北	0.541	26	0.578	26	0.532	26	0.557	26	0.597	27	0.681	26
新疆	1.479	7	1.247	6	1.386	6	1.435	6	1.170	8	1.296	9
青海	1.117	10	1.208	7	1.337	7	1.001	10	1.270	7	1.558	6
广西	0.804	19	0.779	20	0.796	18	0.830	16	0.829	15	1.030	13
北京	3.897	2	3.890	1	3.993	2	3.801	2	3.908	2	3.416	3
黑龙江	0.419	30	0.398	30	0.446	29	0.462	30	0.410	30	0.426	30
吉林	0.522	27	0.422	29	0.414	30	0.400	31	0.393	31	0.368	31
辽宁	0.776	21	0.663	24	0.677	22	0.789	17	0.882	13	1.022	14
内蒙古	0.482	29	0.474	28	0.523	27	0.478	29	0.650	23	0.662	27
甘肃	1.093	11	1.076	11	1.150	9	1.249	7	1.280	6	1.366	8
江西	0.657	24	0.678	22	0.726	21	0.709	21	0.671	22	0.768	21

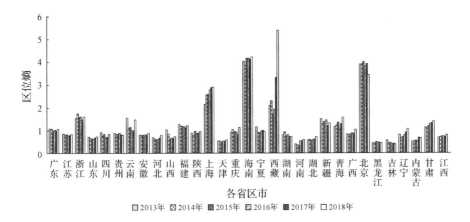

图 4.5　基于星级酒店营业收入的 31 个省区市 2013—2018 年旅游业区位熵

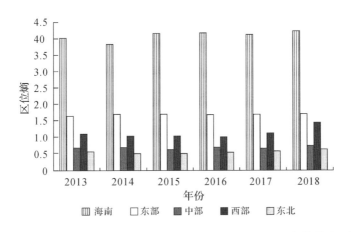

图 4.6　基于星级酒店营业收入的海南、四大区域 2013—2018 年旅游业区位熵

需补充说明的是，本部分不仅比较分析除我国港澳台外的 31 个省区市旅游业区位熵，也比较分析了除港澳台外的我国东部、中部、西部和东北四大区域旅游业区位熵。我国东部沿海地区包括北京市、大津市、上海市、河北省、山东省、江苏省、浙江省、福建省、广东省和海南省；中部地区包括山西省、河南省、湖北省、安徽省、湖南省和江西省；西部地区包括内蒙古自治区、新疆维吾尔自治区、宁夏回族自治区、陕西省、甘肃省、青海省、重庆市、四川省、西藏自治区、广西壮族自治区、贵州省和云南省；东北地区包括黑龙江省、吉林省和辽宁省。这里的四大区域旅游业区位熵，系通过把一个区域所有省区市的区位

熵加在一起除以该区域省区市个数获得。

四、比较分析

基于旅游业收入的旅游业区位熵测度结果表明,海南 2013—2015 年旅游业区位熵均大于 1,随后两年小于 1,分别为 0.979 和 0.966,其旅游业区位熵在 31 个省区市中的排名从 2013 年的全国第 14 位下降到 2017 年的全国第 17 位。该测度结果至少说明了三个问题:第一,仅仅从旅游业收入角度看,海南旅游业集聚发展水平并不高,其旅游业在全国旅游业中的地位并不算高,因为海南旅游业的区位熵在 31 个省区市中仅仅处在中等水平,低于云南、山西、四川、西藏、广西、安徽等省区市的旅游业区位熵,这与其国际旅游岛的国家战略定位很不相称。第二,尽管海南旅游业集聚发展速度具有加快的趋势,但加快的速度也低于很多省区市,因为海南旅游业区位熵在 31 个省区市中的排名过去 5 年呈现逐年走低趋势。第三,海南旅游业区位熵与四大区域比较,低于中西部。海南 2018—2019 年旅游业区位熵小于 1,分别为 0.951 和 0.904,其旅游业区位熵在 31 个省区市中的排名每年下降一个位次。这说明海南自 2018 年 4 月中央宣布推进建设中国特色自由贸易港后,旅游业比较优势并没有突显出来,而且还有下降的趋势。

海南旅游业区位熵测度结果及与其他省区市比较的结论与直观感受不符,从海南旅游收入总量和经济产业结构角度分析,其主要原因有以下几个方面:第一,海南旅游产业的季节性太强。天气太热时,不适宜以度假、休闲、养生、健身、养老等为目的的旅游,而这些旅游业态已经成为海南旅游业的主要业态。根据海南省旅游和文化广电体育厅 2018 年海南省国内过夜游客花费情况抽样调查报告中 2016—2018 年到海南的国内过夜游客的目的构成的内容(见图 3.1),2017 年,到海南旅游的国内过夜游客以"休闲/度假"为目的占比高达 58.83%。由于气候和旅游业态因素,海南旅游业淡旺季明显,以 2017 年为例,在作为旅游旺季的 1、2、3、10、11、12 月份,海南旅游业收入总计达到 494 亿元,而从 4 月至 9 月的旅游收入总计只有 314 亿元。海南旅游淡季为 6 个月,其中旅游收入最高的月份为 10 月份,收入为 96.45 亿元;收入最低的月份为 6 月份,收入仅为 46.4 亿元。半年之长的淡季拉低了海南全年旅游收入,气候是影响海南旅游业集聚度的重要因素。第二,海南缺乏大型旅游综合体、主题公园等能够带来大游客量、高旅游收入的核心吸引物——这将是本书第六章建模实证的基本假设之一。吸引游客来海南的是冬季宜人的气候、良好的生态环境、大海和沙滩等自然资源禀赋。海南缺乏游客十分向往的长隆、迪士尼及其他模式的大型主题公园等核心吸引物。第三,海南陆地面积与其他省区市差距巨大,能够承载的自然和文化遗产吸引物数量和品种有限。第四,自然风貌和气候与海南相近的东南亚国家的旅游性价比高,分流了大量国内游客。东南亚旅游开发较早,服务意识强,价格也相对海南低,以酒店为例,泰国一般海景房价格为四五百元,而海南要七八百元。再以租车为例,柬埔寨租轿车含司机仅需花费 300 元,海南则要 700 元。第五,海南房地产一业独大,导致海南旅游业优势不突出。2017 年,全国房地产开发投资占全国 GDP 的 13.4%,而海南房地产开发投资占海南 GDP 的比例高达 45.6%。海南"购房热"导致海南经济发展过度依赖房地产。土地、资金等要素大量投入房地产,大量优质的海岸线用于开发房地产,挤占了投资旅游项目的土地和资金,严重制约了海南旅游业的集聚发展。

基于 A 级景区营业收入的旅游业区位熵测度结果表明,海南 2014—2018 年基于 A 级景区营业收入的旅游业区位熵都大于 1,但排名有所下降。海南 A 级景区区位熵与四大区域相比,低于中部。这一方面说明海南省 A 级景区在全国具有重要地位,另一方面说明相较部分省区市的景区,海南与当地国民经济发展水平的比值有所下降。

基于星级酒店营业收入的旅游业区位熵测度结果表明,海南 2013—2018 年基于星级酒店营业收入的旅游业区位熵都远远大于 1,远远高于四大区域。这一方面说明海南以星级酒店为代表的旅游基础设施在全国具有重要地位,另一方面说明海南以星级酒店为代表的旅游业基础设施结构不合理。具体而言,中低档旅游酒店建设滞后,中低档旅游产品和服务供给不足,这也是海南旅游业难以做大,海南旅游业整体上在全国旅游业地位不高的重要原因。

旅游业收入指的是游客在旅游过程中支付的一切旅游费用,包括游客在整个游程中的吃、住、行、游、购、娱。以上数据表明,海南旅游业在全国的地位和作用与其作为唯一国际旅游岛的定位很不相称,虽然海南的景区、酒店等在全国范围内有一定优势,但旅游业的其他方面劣势很明显。

第二节　空间基尼系数测度及与全国总体情况的比较

一、测度方法和指标说明

空间基尼系数是衡量产业空间集聚程度的另一个指标,可以从产值、就业人数、销售额、资产总额等进一步系统和全面地评估某一区域某个产业在该区域内部的积聚程度,但主要用于测度特定产业在一个地区的均衡发展程度,测度公式如下:

$$G = \sum_{i=1}^{n} (S_i - X_i)^2 \tag{4.2}$$

G 代表空间基尼系数,S_i 代表 i 地区旅游业相关指标占全国或上一级地区该产业同一指标总和的比重,X_i 代表 i 地区所有产业相关指标占全国或上一级地区所有产业同一指标总和。G 的取值在 0 和 1 之间,取值越接近于 0,该区域旅游业分布越均衡。

采用产业空间基尼系数比较研究海南旅游业的相对集聚程度或相对均衡发展程度,更理想的方法是测算出包括海南在内的全国 31 个省区市的旅游业空间基尼系数。由于难以获得其他 30 个省区市所辖不同城市和地区的旅游业统计数据,只能分别测算出全国和海南的旅游业空间基尼系数,进行比较分析。本节采用以下三种方法测算全国和海南省的旅游业空间基尼系数。

1. 以我国各省区市 2013—2019 年的旅游业收入占全国旅游业总收入比重为 S_i,以同期各省区市 GDP 占全国 GDP 的比重为 X_i 来测算全国旅游业的空间基尼系数;以海南省各市县 2013—2019 年的旅游业收入占全省旅游业总收入比重为 S_i,以同期海南省各市县 GDP 占全省 GDP 的比重为 X_i 来测算海南省旅游业的空间基尼系数。

2. 以我国各省区市旅游 A 级景区收入占全国 A 级景区经营总收入的比重为 S_i,以同期各省区市 GDP 占全国的比重为 X_i 来测算全国旅游业的空间基尼系数;以海南省各市县 A 级景区经营收入占全省 A 级景区经营总收入的

比重为 S_i，以同期海南省各市县的 GDP 占全省 GDP 的比重为 X_i 来测算海南全省旅游业的空间基尼系数。虽然可以获得各省区市 2013—2019 年旅游 A 级景区收入和全国 A 级景区经营总收入数据，但只能收集到海南省 2017 年各市县 A 级景区经营收入数据，故只分别测算 2017 年全国和海南省基于 A 级景区的旅游业空间基尼系数。

3. 以各省区市 2018 年星级酒店经营收入占全国 A 级景区经营总收入的比重为 S_i，以同期各省区市 GDP 占全国的比重为 X_i 来测算全国旅游业的空间基尼系数；以海南省各市县 A 级景区经营收入占全省 A 级景区经营总收入的比重为 S_i，以同期海南省各市县的 GDP 占全省 GDP 的比重为 X_i 来测算海南全省旅游业的空间基尼系数。虽然可以获得各省区市 2013—2019 年星级酒店经营收入和全国星级酒店经营总收入数据，但只能收集到 2017 年海南省各市县星级酒店经营收入数据，故只分别测算 2017 年全国和海南省基于 A 级景区的旅游业空间基尼系数。

二、数据来源与数据说明

2013—2019 年旅游收入和 GDP 数据源于国家国民经济和社会发展统计公报和各省区市国民经济和社会发展统计公报。海南及各市县旅游过夜人次和日人均消费数据，以及 A 级景区和星级酒店营业收入数据来自海南省旅游和文化广电体育厅的 2017 年旅游卫星账户报告。

三、测度结果

表 4.4 和图 4.7 报告了基于旅游业收入的全国和海南 2013—2019 年的旅游业空间基尼系数测度结果，表 4.5 和图 4.8 报告了 2017 年全国和海南基于 A 级景区经营收入的旅游业空间基尼系数，而表 4.6 和图 4.9 报告了 2017 年全国和海南基于星级酒店经营收入的旅游业空间基尼系数。

表 4.4　基于旅游业收入的全国和海南 2013—2019 年的旅游业空间基尼系数

区域	2013 年	2014 年	2015 年	2016 年	2017 年	2018 年	2019 年
全国	0.016	0.014	0.013	0.012	0.009	0.007	0.010
海南	0.176	0.172	0.152	0.135	0.137	0.156	0.176

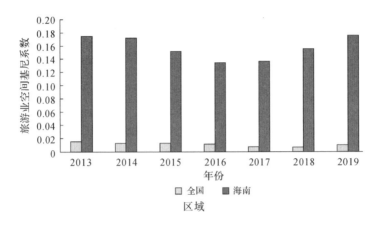

图 4.7　全国、海南 2013—2019 年旅游业空间基尼系数

表 4.5　基于 A 级景区经营收入的全国和海南 2017 年旅游业空间基尼系数

区域	基于 A 级景区经营收入的旅游业空间基尼系数
全国	0.026
海南	0.204

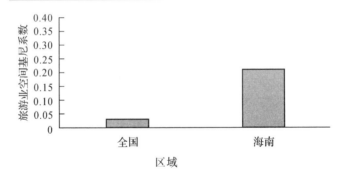

图 4.8　基于 A 级景区经营收入的全国和海南 2017 年旅游业空间基尼系数

表 4.6　基于星级酒店经营收入的全国和海南 2017 年旅游业空间基尼系数

区域	基于星级酒店经营收入的旅游业空间基尼系数
全国	0.033
海南	0.379

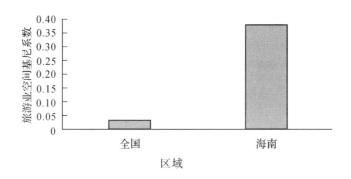

图 4.9　基于星级酒店经营收入的全国和海南 2017 年旅游业空间基尼系数

四、比较分析

从上述测算结果可以看出,海南旅游业空间基尼系数远大于全国其他地区,这意味着海南各市县旅游业的发展均衡程度远低于我国其他各省区市,旅游业发展极不均衡。从时间上来看,全国旅游业空间基尼系数逐步变小,从 2013 年的 0.016 下降到 2017 年的 0.009,降幅接近 50%;而海南旅游业空间基尼系数在波动,从 2013 年的 0.176,下降到 2016 的 0.135,之后逐步上升到 2019 年的 0.176。这就意味着,从全国来看,传统旅游欠发达省区市也已高度重视旅游业发展,而且力度在加大,不断追赶旅游发达地区;而海南内部区域发展越来越不均衡,大三亚圈的旅游在快速增长,其他市县有增长,但增幅不大,导致差距越来越大。具体而言,从 2017 年 A 级景区空间基尼系数来看,海南数据接近全国数据的 10 倍,但有 5 个市县没有 A 级景区;从 2017 年星级酒店空间基尼系数来看,海南数据超过全国数据的 10 倍,但有 8 个市县没有星级酒店,与全国相比,海南区域内景区业、酒店业发展更不均衡。目前,海南传统旅游落后的市县也在重视旅游业发展,但重视程度不够,追赶步伐不够快,海南市县旅游业集聚不平衡,与全国首个全域旅游创建省的要求不匹配。

第三节　旅游业主要行业区位熵测度及与其他自由贸易港的比较

一方面,2008 年爆发全球性金融危机以来,世界经济低迷,全球有效需求不足。另一方面,随着经济发展水平的提高和居民收入的增长,消费结构呈现出以旅游消费为代表的服务型享受型消费比重增加。迪拜、伦敦、曼谷、巴黎、新加坡、夏威夷、迈阿密等国家和地区的旅游消费增长旺盛,对经济的贡献度逐年提高。新加坡、香港和迪拜作为世界公认的三大自由贸易港,能够保持持续繁荣,旅游消费发挥了至关重要的作用。海南要建设国际旅游岛和自贸港,需要研究借鉴其他自贸港促进旅游消费集聚的做法和经验。

旅游业是海南建设自贸港的第一支柱产业。习近平总书记在庆祝海南建省办经济特区 30 周年大会上发表重要讲话时强调,"海南发展不能以转口贸易和加工制造为重点,而要以发展旅游业、现代服务业、高新技术产业为主导"①。因此,建设自贸港需要深入研究借鉴其他自贸港促进旅游消费集聚的做法和经验。

此外,推进海南全面深化改革开放领导小组要求参考国际上自由贸易港建设的先进经验,比如新加坡、香港、迪拜,在坚持中国特色的基础上,学习借鉴先进的政策体系,因为新加坡、香港、迪拜是全球公认的高水平自贸港,是全球知名旅游目的地,旅游业均为当地的支柱产业之一。2019 年 11 月 9 日,中共中央政治局常委、国务院副总理、推进海南全面深化改革开放领导小组组长韩正在推进海南全面深化改革开放领导小组全体会议上强调,对标世界最高水平的开放形态,加快推进海南自由贸易港建设。中共中央、国务院印发的《海南自由贸易港建设总体方案》指出,建设海南自贸港的原则之一是借鉴国际经验,坚持高起点谋划、高标准建设,主动适应国际经贸规则,重构新趋势,充分学习借鉴国际自由贸易港的先进经营方式、管理方法和制度安排,形成具有国际竞争力的开放政策和制度。旅游业的发展、游客量的增加将导致人流量增加,进而扩大整个社会需求,吸引资金、技术、人才等要素流量的增加。而旅游业是海南自贸港建设的三大主导产业之一,而且是排在第一位的主导产业。因此,本节通过测算新加坡、迪拜旅游业中主要行业的集中度,以及测算海南、香港旅游业中主要行业的集中度并进行横向比较,以期判断海南与境外自由贸易港在旅游业集聚发展上的差距,分析可供海南借鉴的经验和做法。

---

① 习近平.习近平总书记在庆祝海南建省办经济特区 30 周年大会上的讲话[EB/OL].(2018-06-12)[2019-9-17].https://www.sohu.com/a/235398571_707926.

一、测度方法和指标说明

本部分以自由贸易港为分析对象,采用产业区位熵模型测度和比较分析新加坡、迪拜旅游业四个主要行业的集聚发展水平以及海南、香港旅游业四个主要行业的集聚发展水平,测算公式如下:

$$LQ_{ij} = \frac{q_{ij}/q_j}{q_i/q} \qquad (4.3)$$

在此式中,LQ_{ij} 代表 j 自贸港旅游业 i 行业的区位熵,q_{ij} 代表 j 自贸港旅游业 i 行业收入,q_j 代表 j 自贸港所有产业收入(GDP),q_i 代表四个自由贸易港旅游业 i 行业的收入总和,q 代表四个自由贸易港所有产业总收入(GDP)。LQ_{ij} 值越大,表明 j 自贸港旅游业 i 行业的集聚程度越高。一般情况下,当 $LQ_{ij} > 1$ 时,表明 j 自贸港旅游业 i 行业的集聚水平较高,在四个自由贸易港中具有优势;当 $LQ_{ij} < 1$ 时,表明 j 自贸港旅游业 i 行业在四个自由贸易港中没有优势。

二、数据来源与数据说明

本节使用的海南旅游住宿、旅游游览、旅行社及旅游商业收入部分数据来自《海南旅游卫星账户(HNTSA 2017)报告》《2017 年海南省国民经济和社会发展统计公报》《2017 年海南旅游统计工作报告》《海南旅游统计数据资料》和海南省旅游协会及其下属专业协会调研报告等。

香港旅游住宿、旅游游览、旅行社及旅游商业收入部分数据来自《香港旅游发展局 2016/17 年报告》《2018—2023 年中国酒店行业前景分析及投资研究报告》、香港特别行政区政府统计处网站,以及香港旅游协会等专业机构调研数据。

新加坡旅游住宿、旅游游览、旅行社及旅游商业收入部分数据来自《新加坡旅游局 2017 年业绩报告》《UN-WTO 新加坡数据统计报告》《2018 年新加坡经济调查报告》,以及新加坡旅游局、行业协会咨询数据等。

迪拜旅游住宿、旅游游览、旅行社及旅游商业收入部分数据来自《迪拜旅游与市场推广局 2017 年游客报告》《迪拜 2017 年经济报告》《万事达全球旅游城市指南》,以及迪拜旅游部门和行业协会咨询数据等。

表 4.7、表 4.8 报告了新加坡和迪拜 2017 年的旅游主要产业和 GDP 情

况,以及海南、香港2017年的旅游主要产业和GDP情况。

表4.7　2017年我国海南、香港和新加坡、迪拜旅游主要产业收入统计

单位:亿元人民币

地区	旅游住宿	旅游游览	旅行社	旅游商业	合计
海南	191.66	50.33	22.88	212.74	477.61
香港	525.74	137.04	156.00	1255.97	2074.75
新加坡	220.86	161.04	79.76	638.04	1099.70
迪拜	479.20	136.49	179.21	1044.50	1839.40
合计	1417.46	484.90	437.85	3151.25	5491.46

表4.8　2017年我国海南、香港和新加坡、迪拜GDP统计

单位:亿元人民币

海南	香港	新加坡	迪拜	合计
4426	23912	23688	7420	59446

三、测度结果

将以上表中的数据代入区位熵计算公式,分别得出如下测度结果,见表4.9和图4.10。

表4.9　2017年基于主要行业收入的四大自贸港旅游业区位熵测度结果

地区	基于旅游商业收入		基于旅游住宿收入		基于旅游游览收入		基于旅行社收入	
	LQ_{ij}	位次	LQ_{ij}	位次	LQ_{ij}	位次	LQ_{ij}	位次
海南	1.785834	2	1.326926	2	0.701846	3	0.906729	3
香港	0.924477	3	0.706509	4	0.885739	2	0.990839	2
新加坡	0.392039	4	0.838092	3	0.457145	4	0.508112	4
迪拜	2.715524	1	2.267688	1	3.279107	1	2.655488	1

四、比较分析

从收入绝对值来看,海南旅游业主要行业的集聚发展水平与新加坡、香

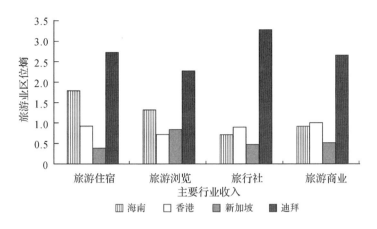

图 4.10 2017 年基于主要行业收入的旅游业区位熵测度结果

港、迪拜三大自贸港相比没有优势。海南热带旅游资源非常丰富,陆地面积
3.54 万平方千米,是香港的 32 倍,是新加坡的 39 倍、迪拜的 9 倍,但其旅游住
宿、旅游游览、旅行社和旅游商业四大行业的总收入只有香港的 23%,是新加
坡的 43%、迪拜的 26%。如果折算成每 100 平方千米旅游业四大行业收入,
海南每 100 平方千米的旅游业四大行业总收入只有香港的 0.07%,只有新加
坡的 0.86%、迪拜的 2.88%。

从旅游业四大行业区位熵来看,海南旅游住宿业区位熵在四个自贸港中
排名第二,与香港和新加坡相比具有一定优势。海南旅游游览业区位熵尽管
也高于香港和新加坡,但明显低于迪拜。虽然拥有丰富的旅游景点资源,海南
旅游游览收入只有香港的 36.7%、新加坡的 31.3%、迪拜的 31.9%,海南旅游
游览业在四大自贸港当中没有任何优势。

海南旅行社行业区位熵仅高于新加坡,但不足迪拜的 1/3;海南 2017 年旅
行社行业总收入只有迪拜的 13%、新加坡的 29%,只有香港的 15%。海南旅
游商业区位熵远远低于迪拜但高于香港也高于新加坡;海南 2017 年旅游商业
收入只有香港的 17%、迪拜的 20%、新加坡的 33%。这说明海南旅行社行业
和旅游商业集聚发展严重滞后,海南旅游业主要行业发展极不平衡,旅游业内
部结构很不合理,是海南旅游业集聚发展水平不高的重要根源。此外,海南和
香港主要客源市场均在国内(含港澳台),新加坡和迪拜的主要客源市场均在
国外,其中迪拜国际旅游消费连续几年位于全球首位,其次是伦敦、巴黎、曼

谷、新加坡，以及香港等地区。不难看出，加快建设具有全球影响力的国际旅游消费对海南旅游业集聚发展至关重要。

第四节　评估结论

一、海南旅游业集聚优势不突出

尽管政府主管部门、行业协会组织、专家学者、社会公众、涉旅企业和游客等都认为海南旅游业具有集聚发展的独特优势，但上述实证研究结果表明，海南旅游业集聚发展水平不仅低于国内发达地区，而且低于许多中西部欠发达地区。海南旅游业的区位熵、空间基尼系数和集聚指数排名并未处于全国前列，这与海南旅游日趋高涨的知名度、美誉度和市场热度有不小的差距。海南面向东南亚的市场中仅有印度尼西亚市场被激活，来自印度尼西亚的游客数量一年来增长了十多倍，而新加坡、泰国、马来西亚、越南、印尼、菲律宾等旅游业相对发达的国家，甚至连旅游业发展相对滞后的柬埔寨、老挝、缅甸等国家，都已成为海南旅游的有力竞争对手。海南拥有被广泛赞誉的自然资源禀赋、良好的生态环境、强劲的市场热度、相对完善的基础设施等优势，但远远没有转化为海南旅游业集聚发展的优势，导致海南旅游业专业化水平过低。在大三亚旅游经济圈，除了三亚是游客直接到达的旅游目的地外，其他相邻市县旅游住宿、旅行社和旅游商业等旅游行业的集聚发展严重滞后，只能依靠三亚游客过度聚集后的自然流出而惨淡经营。海南旅游业集聚优势不明显，这与旅游业作为自贸港第一主导产业的地位并不相符。

二、海南旅游业集聚发展区域极不均衡

从海南省旅游业集聚发展的空间格局来看，旅游业在不同市县集聚发展的均衡程度有所提升。过去几年，建设国际旅游岛和创建全域旅游示范省在一定程度上促进了海南旅游业全省范围内的均匀分布，但海南旅游业在不同市县的集聚发展很不均衡。无论是基于旅游业总收入，还是基于A级景区和星级酒店的运营收入来测算，海南旅游业空间基尼系数过去几年一直都是全国旅游

业空间基尼系数的 5 倍左右,这也是推进海南旅游业集聚发展面临的重大课题。

三、海南旅游业集聚动力不足

无论是从旅游业总规模还是从旅游业主要行业及其领头企业的规模看,海南旅游业集聚发展的动力都严重不足。第一,旅游企业在旅游业园区的集聚,尚未体现出有效降低信息成本、交易成本和劳动力成本的优势,企业之间的相互沟通交流尚未明显促进旅游产品创新,也未有效展开紧密协作,促进区域产业链条的相互呼应,优化产品结构,更好地满足旅游者需求,有效避免旅游市场低价恶性竞争。旅游业集聚尚未有效促进企业之间的交流,为适应迅速变化的市场需求而不断进行产品创新、组织管理创新和服务创新,形成良好的创新氛围。第二,旅游业集聚未能大量引入旅游专业人才,提高旅游相关企业对新知识、新经验的反应能力;产业集聚区内的高校、科研机构与旅游相关企业之间进行的交流互动不充分,难以提高旅游业持续创新能力。第三,产业集聚区内大量集中的市场需求未能明显降低创办新企业的投资风险,难以吸引大量资本进入集群区域内。

此外,海南旅游消费需求集聚受到夏威夷、塞班岛、巴厘岛、普吉岛等热带海滨海岛胜地,以及马尔代夫、安达曼等岛屿竞争的影响,旅游业发展急需的高端旅游人才匮乏,旅游吸引物培育滞后,旅游服务专业化产业分工网络尚未形成,高端游客加速向境外知名旅游目的地和新兴旅游市场流动,快速向迪拜、伦敦、巴黎、曼谷、香港、新加坡等城市聚集,外部影响因素越来越多。海南旅游业集聚发展缺乏内生动力和外部推力。

四、海南国际旅游消费需求集聚缓慢

海南旅游消费主要来自境内市场,境外游客消费比例几乎可以忽略不计,难以和香港、新加坡、迪拜、曼谷、巴黎、伦敦等国际旅游消费主流目的地相比。与济州岛、冲绳,我国北京、上海、广东、陕西、云南、贵州、浙江等相比,海南旅游业国际消费集聚也处于明显落后的地位。海南旅游业面向国际游客的产品和服务本土化品牌化进程缓慢,过度依赖欧美日韩等发达国家奢侈品消费市场,轻视甚至忽视国内众多在世界上有一定影响力的产品和品牌对国内外游

客的吸引力。海南旅游业尚未形成有效开拓国际消费空间、改善国际消费环境和提高国际消费服务质量的方针策略。

五、海南旅游业集聚可持续性发展能力有限

与我国其他省区市相比,海南旅游业区位熵相对下降,从以前的第 14 位下降到 2017 年的第 17 位。这表明海南旅游业在全国旅游业中的重要性相对下降。除了其他省区市纷纷把旅游业视为重要支柱产业强力推动发展的外部原因,自身原因更不容忽视。一方面,海南创建全域旅游示范省,对辖区内所有地方的旅游业发展都提供普惠性支持,导致各市县旅游业发展存在高度同质化,不同地域旅游产品和服务的差异化、特色化和地域性特征逐渐式微,不仅难以在省域范围内形成"产业互补、差异发展"的创新发展路径,更为严重的后果是地域特色化旅游吸引物对国内外游客的吸引力降低。另一方面,海南旅游业集聚发展整体仍缺乏规则意识和知识产权观念,加之相关法律法规缺乏有效的执行主体和载体,造成旅游业无序集聚与旅游公共服务体系建设滞后,引发诸多矛盾。归根结底,海南旅游业集聚缺乏科学规范的长效机制,加之缺乏有效的保障体系,使得海南旅游业集聚的可持续性不够,这成为海南旅游业集聚发展乏力的根源性原因之一。

第五节　本章小结

本章首先分别基于旅游业收入、A 级景区经营收入和星级酒店经营收入测算了海南和其他 30 个省区市 2013—2017 年的旅游业区位熵,研判了海南省旅游业在全国旅游业的地位及其变化趋势;接着从旅游业经营收入、A 级景区经营收入和星级酒店经营收入测度全国和海南的旅游业空间基尼系数,得出了海南旅游业集聚发展程度与其国际旅游岛、国有旅游消费中心、全域旅游示范省的地位名不副实的结论,接着测度了海南、香港、新加坡和迪拜四个自由贸易港旅游业四个主要行业的区位熵;论证了海南旅游业四大主要行业发展失衡问题,探讨了加快发展旅游商业行业对建设具有全球影响力的国际旅游消费中心的重要性,并分析了海南旅游业集聚发展程度不高的主要原因。

第五章　海南旅游业集聚发展时空分异特征

第四章先后测度和比较海南省与我国其他省区市旅游业的区位熵、海南与全国的旅游业空间基尼系数以及海南与三个自由贸易港的区位熵,得出了海南作为国际旅游岛的旅游业集聚优势不突出、集聚动力不足、国际消费需求集聚缓慢、市县间集聚发展区域不平衡等重要结论,需要进一步分析原因。因此,本章将应用"产业区位熵"和"行业集中度"评估模型,评价和分析海南旅游业集聚发展的时空分异特征,由此分析海南旅游业集聚发展区域不平衡的各种原因。

第一节　基于产业区位熵的海南旅游业集聚发展时空分异特征

一、研究方法

2010年以来,得益于国际旅游岛建设的战略引领、全域旅游示范省创建以及乡村旅游精准扶贫等政策的共同推进,海南省域旅游业集聚发展初现端倪。旅游业集聚发展不仅可以达到整合旅游资源、提高资源利用效率的目的,还可以增强一个地区核心竞争力,进而推动该地区的经济社会发展,有效解决很多社会问题和经济问题。为此,海南所有市县都把旅游业当作最重要的主导产业来发展。由于资源禀赋、发展基础、区位优势、基础设施条件等方面的巨大差别,各市县旅游业在全省旅游业中的地位和作用大相径庭。为更为准确地把握各个市县旅游业在全省旅游业中的地位,本章首先测算各市县2010—2019年旅游业的区位熵。测算公式如下:

$$LQ_{ij} = \frac{q_{ij}/q_j}{q_i/q} = \frac{q_{ij}/q_i}{q_j/q} \tag{5.1}$$

在上式中，LQ_{ij} 是海南省 j 市县 i 产业（旅游业）的区位熵，q_{ij} 是 j 市县旅游收入。q_j 代表 i 市县的 GDP，q_i 代表海南全省旅游收入，q 为海南全省的 GDP。

二、数据来源

海南省旅游收入、GDP 数据来自 2010—2018 年度《海南统计年鉴》。海南各市县旅游收入和 GDP 数据（三沙市除外，下同）来自 2010—2018 年度各市县国民经济和社会发展统计公报。部分市县部分年度没有公布旅游收入，相应的数据从海南省旅游和文化广电体育厅获取。

三、测算结果

把整理出的各市县和全省的相关数据代入公式，得到表 5.1、表 5.2 和图 5.1 的测算结果。

表 5.1　基于旅游业收入的海南省各市县 2010—2014 年旅游业区位熵测度结果

海南省各市县	2010 年		2011 年		2012 年		2013 年		2014 年	
	LQ_{ij}	位次	LQ_{ij}	位次	LQ_{ij}	位次	LQ_{ij}	位次	LQ_{ij}	位次
海口市	0.90	4	0.86	4	0.91	4	0.91	4	0.81	5
三亚市	4.45	1	4.50	1	4.27	1	4.27	1	4.36	1
琼海市	0.82	5	0.84	5	0.88	5	0.86	5	1.10	3
万宁市	0.97	3	0.94	3	1.37	2	1.16	2	1.22	2
文昌市	0.70	6	0.67	7	0.68	6	0.62	6	0.74	6
陵水县	0.49	7	0.73	6	0.67	7	0.62	7	0.52	8
五指山市	0.35	8	0.37	8	0.54	8	0.54	8	0.55	7
定安县	0.32	9	0.29	10	0.27	10	0.25	11	0.23	11
屯昌县	0.01	17	0.01	17	0.03	17	0.13	15	0.13	15
琼中县	0.06	15	0.10	14	0.10	14	0.18	12	0.24	10

海南省各市县	2010 年		2011 年		2012 年		2013 年		2014 年	
	LQ_{ij}	位次	LQ_{ij}	位次	LQ_{ij}	位次	LQ_{ij}	位次	LQ_{ij}	位次
保亭县	1.26	2	1.33	2	1.10	3	1.14	3	1.02	4
白沙县	0.23	10	0.30	9	0.23	11	0.25	10	0.22	12
儋州市	0.09	14	0.09	15	0.08	15	0.09	16	0.14	14
东方市	0.22	11	0.19	12	0.18	12	0.17	13	0.14	13
澄迈县	0.21	12	0.22	11	0.35	9	0.37	9	0.35	9
临高县	0.02	16	0.03	16	0.05	16	0.06	18	0.07	18
乐东县	0.17	13	0.15	13	0.14	13	0.14	14	0.13	16
昌江县	0.01	18	0.01	18	0.02	18	0.07	17	0.08	17

表 5.2 基于旅游业收入的海南省各市县 2015—2019 年旅游业区位熵测度结果

海南省各市县	2015 年		2016 年		2017 年		2018 年		2019 年	
	LQ_{ij}	位次	LQ_{ij}	位次	LQ_{ij}	位次	LQ_{ij}	位次	LQ_{ij}	位次
海口市	0.79	6	0.81	6	0.97	5	0.91	5	0.84	5
三亚市	4.06	1	3.89	1	3.93	1	4.00	1	4.10	1
琼海市	1.43	2	1.47	3	0.66	6	0.56	7	0.57	7
万宁市	1.22	3	1.02	4	1.00	3	0.98	4	1.01	4
文昌市	0.81	5	0.42	9	0.36	11	0.30	10	0.34	9
陵水县	0.53	8	0.90	5	1.00	4	1.04	3	1.06	3
五指山市	0.58	7	0.58	8	0.61	7	0.85	6	0.84	6
定安县	0.23	11	0.26	13	0.40	10	0.39	9	0.26	10
屯昌县	0.13	15	0.20	16	0.42	9	0.23	12	0.21	14
琼中县	0.26	10	0.67	7	0.55	8	0.55	8	0.47	8
保亭县	1.21	4	1.86	2	1.54	2	1.58	2	1.33	2
白沙县	0.20	12	0.26	12	0.22	14	0.22	13	0.22	13
儋州市	0.15	13	0.17	17	0.14	17	0.14	17	0.14	17

续　表

海南省各市县	2015 年		2016 年		2017 年		2018 年		2019 年	
	LQ_{ij}	位次	LQ_{ij}	位次	LQ_{ij}	位次	LQ_{ij}	位次	LQ_{ij}	位次
东方市	0.14	14	0.23	15	0.20	16	0.19	16	0.19	15
澄迈县	0.39	9	0.25	14	0.20	15	0.20	15	0.17	16
临高县	0.08	18	0.11	18	0.09	18	0.10	18	0.10	18
乐东县	0.12	16	0.31	11	0.27	12	0.29	11	0.26	11
昌江县	0.08	17	0.32	10	0.26	13	0.22	14	0.25	12

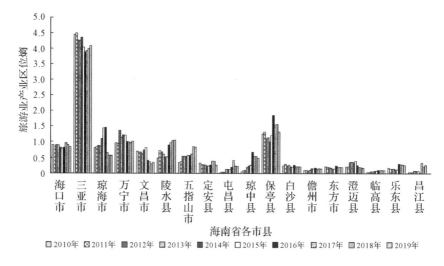

图 5.1　海南省各市县 2010—2019 年基于旅游收入的旅游业产业区位熵

四、时空分异特征分析

海南各市县旅游业产业区位熵测算结果显示,海南旅游业集聚的时空分异特征明显。在 2010—2019 年间,海南省旅游业集聚发展的空间结构基本稳定,各市县旅游业在全省旅游业中的地位没有显著变化。10 年期间,旅游业区位熵超过 1 的市县有三亚、万宁、琼海、保亭和陵水 5 个。三亚市旅游业在全省旅游业中的地位十分突出,其旅游业区位熵一直在 3.8 以上,在全省 18 个市县中连续 10 年稳居第一;万宁市旅游业区位熵最高为 1.37,2019 年为

1.01,呈现下降趋势,在全省市县中的排名基本稳定在第二、第三、第四。琼海市旅游业区位熵超过 1 的年份为 2014—2016 年,2019 年区位熵值下跌到 0.57,2015 年曾在全省市县中排名第二,但 2018 年在全省市县中的排名跌落到第七,主要原因是,从 2017 年起,琼海市根据国家旅游局统计要求不再将出游时间不超过 6 小时的旅客纳入一日游游客范围,而琼海的主要游客来自省会城市海口市,海南市县间交通便利,海口至琼海的高速路车程仅为 50 分钟。保亭县旅游业 10 年期间区位熵稳定在 1 以上,2010—2011 年、2016—2019 年全省市县排名第二,其他年度为第三、第四。陵水县旅游业区位熵 2010—2016 年均低于 1,2017—2019 年高于 1,在全省市县中的排名从 2010 年第七上升至 2018 年第三。其他市县旅游业区位熵在全省 18 个市县中的排位虽有变化,但区位熵始终都未突破 1,旅游业在这些市县的产业中不属于优势产业。

　　如图 5.1 所示,海南省旅游业集聚发展的空间格局连续 9 年呈现东大西小、南强北弱的基本格局。例如,位于海南岛最北端的海口市,尽管是全省政治经济、社会和文化中心,但旅游业区位熵一直没有超过 1,旅游业不是当地优势产业,在全省所有市县中仍在第四至六位之间上下徘徊。处在北部沿海的临高县旅游业 2013—2018 年区位熵一直排在倒数第一名,澄迈县旅游业区位熵一直在第 14～17 位之间徘徊,儋州市旅游业区位熵最近 4 年在全省 18 个市县中一直排在第 17 位。部分市县旅游收入高,但区位熵的排名并不高,主要原因是经济总量和产业结构问题,导致旅游业在当地经济发展中的地位不突出。以海口市为例,2018 年海口市旅游收入在全省市县中排名第二,占全省的比重为 28%,而海口市 GDP 在全省市县中排名第一,占全省的比重为 31.3%。从 2018 年海口市国民经济指标来看,优势产业分别为运输邮电、房地产开发、社会消费品零售、外贸进出口,占全省比重均超过 35%。如表 5.3 所示,海口市旅游收入占 GDP 的比重为 19.74%,而三亚市旅游收入占 GDP 的比重高达 86.44%。可见,旅游业区位熵反映的是旅游业的专业化程度,也就是旅游业在整个经济中的地位高低,是相对于其他产业的重要性,不反映旅游业的绝对规模。人们的直观感受是海口旅游业比较发达,但区位熵排名较低,重要原因是其经济规模大、其他产业在经济总量中的占比大,旅游业的相对重要性低于海口市的其他产业。

表 5.3　2018 年旅游业区位熵前 1～5 名市县的经济规模和产业结构

市县	GDP/亿元	农林牧渔业		工业和建筑业		第三产业		第三产业中的旅游业（官方没有公布旅游业增加值）	
		增加值/亿元	占 GDP 比重/%	增加值/亿元	占 GDP 比重/%	增加值/亿元	占 GDP 比重/%	总收入/亿元	占 GDP 比重/%
三亚	595.51	68.4	11.49	119.3	20.03	408.99	68.68	514.73	86.44
保亭	48.63	18.7	38.45	6.86	14.11	23.89	49.13	16.6	34.14
陵水	159.16	48.71	30.60	33.1	20.80	80.11	50.33	35.87	22.54
万宁	224.33	65.27	29.10	44	19.61	109.62	48.87	47.41	21.13
海口	1510.51	67.27	4.45	285.6	18.91	1170.56	77.49	298.11	19.74

尽管南部沿海大三亚旅游经济圈在全省旅游业中的地位仍在不断提高，但海南旅游业集聚发展空间格局出现一个值得关注的趋势。中部地区的琼中县、屯昌，以及西部沿海的乐东县的旅游业集聚发展正在崛起。

第二节　基于行业集中度的海南旅游业集聚发展空间分异特征

一、研究方法

为更加深入地观察和研究海南旅游业集聚发展的空间分异特征，进而探究海南旅游业集聚发展区域不平衡的各种原因，本节将以旅游业及其旅游游览、旅游住宿、旅行社和旅游商业 4 个主要行业的收入和就业人数为指标，采用行业集中度测度模型，进一步测度和分析海南旅游业集聚发展的空间分异特征。测度模型如下：

$$CR_n = \frac{\sum_{i=1}^{n} X_i}{\sum_{i=1}^{N} X_i} \tag{5.2}$$

在上式中，CR_n 代表一个地区特定行业集中率，X_i 是代表该地区特定行业的收入或就业人数等，n 代表该地区特定行业收入或就业最多的下一级地区(或企业)的数量，N 表示该地区所有下一级地区(或企业)的数量。行业集中率本质上是特定地区内某行业前 n 最大的下一级地区所占该行业市场份额的总和，例如，CR_4 是指特定地区内 4 个最大的下一级地区所占该行业的市场份额，CR_5 是指特定地区内 5 个最大的下一级地区所占该行业的市场份额，CR_8 是指特定地区内 8 个最大的下一级地区所占该行业的市场份额。一般认为，如果 $CR_4 < 30\%$ 或 $CR_8 < 40\%$，该行业为竞争型行业(即该行业在整个地区内分布相对均衡)；如果 $CR_4 \geqslant 30\%$ 或 $CR_8 \geqslant 40\%$，则该行业为寡占型行业(即该行业在整个地区内的集中度较高，为非均衡分布)。

本节首先利用行业收入统计数据分别测算基于旅游住宿经营收入、旅游游览经营收入、旅行社行业经营收入和旅游商业收入的海南旅游业主要行业的集中度；接着利用行业就业统计数据分别测算基于旅游住宿就业人数、旅游游览就业人数、旅行社就业人数和旅游商业就业人数的海南旅游业主要行业的集中度。

二、数据来源

海南省现有 19 个市县，其中三沙市旅游业规模很小，收入和就业人数几乎可以忽略不计。因此，本研究以其余 18 个市县为 N，以主要旅游行业收入最大、就业人数最多的 4 个市县为 n。这 18 个市县的旅游业总收入和就业人数、旅游住宿、旅游游览、旅行社(包括导游)、旅游商业经营收入和就业人数等数据分别来自《海南旅游卫星账户(HNTSA 2017)报告》《2017 年海南省国民经济和社会发展统计公报》《2017 年海南旅游统计工作报告》《海南旅游统计数据资料》，以及各市县《2017 年国民经济和社会发展统计公报》等。目前，只收集到 2017 年的海南旅游卫星账户报告，其他年度未收集到。整理形成的旅游业及其主要行业相关数据如表 5.4、表 5.5 所示。

表 5.4 2017 年海南 18 个市县旅游业及主要行业经营收入统计数据

单位:亿元

市县	旅游业总收入	旅游住宿收入	旅游游览收入	旅行社收入	旅游商业收入
海口市	265.99	54.53	14.45	14.34	62.79
三亚市	406.17	85.73	24.45	7.12	82.58
儋州市	14.37	5.43	0.08	0.06	5.60
五指山市	3.26	2.06	0.34	0.25	1.80
文昌市	15.34	4.23	0.01	0.18	6.38
琼海市	38.54	9.74	2.15	0.43	9.37
万宁市	38.87	10.10	0.61	0.06	13.52
东方市	5.10	2.32	0.24	0.19	3.02
定安县	7.14	1.83	0.80	0.06	2.81
屯昌县	5.84	1.05	0.07	0.00	1.60
澄迈县	11.44	2.61	1.14	0.00	5.32
临高县	6.47	1.00	0.00	0.00	1.79
琼中县	5.10	1.24	0.00	0.00	2.42
保亭县	13.70	1.61	3.96	0.00	3.00
白沙县	2.01	0.46	0.00	0.00	0.73
昌江县	5.58	1.96	0.00	0.00	1.94
乐东县	6.51	1.83	0.00	0.06	2.91
陵水县	29.50	2.14	2.03	0.13	4.05
总计	880.93	191.66	50.33	22.88	212.74

表 5.5 2017 年海南 18 个市县旅游业及主要行业就业人数统计数据

单位:万人

市县	旅游业就业总人数	旅游住宿就业人数	旅游游览就业人数	旅行社就业人数	旅游商业就业人数
海口市	22.95	3.58	4.81	0.91	7.35
三亚市	35.04	5.77	8.24	0.44	8.99
儋州市	1.24	0.28	0.07	0.00	0.70
五指山市	0.28	0.18	0.16	0.02	0.26

市县	旅游业就业总人数	旅游住宿就业人数	旅游游览就业人数	旅行社就业人数	旅游商业就业人数
文昌市	1.32	0.33	0.05	0.01	0.79
琼海市	3.32	0.72	0.80	0.03	1.14
万宁市	3.35	0.74	0.25	0.00	1.63
东方市	0.44	0.20	0.12	0.02	0.40
定安县	0.62	0.17	0.31	0.00	0.37
屯昌县	0.5	0.11	0.07	0.00	0.23
澄迈县	0.99	0.22	0.44	0.00	0.68
临高县	0.56	0.10	0.05	0.00	0.26
琼中县	0.44	0.12	0.05	0.00	0.33
保亭县	1.18	0.14	1.43	0.00	0.40
白沙县	0.17	0.07	0.04	0.00	0.14
昌江县	0.48	0.17	0.05	0.00	0.28
乐东县	0.56	0.17	0.05	0.00	0.40
陵水县	2.55	0.19	0.75	0.02	0.51
总计	76	13.39	17.73	1.47	24.88

三、测算结果

根据表5.4可知,2017年海南省旅游住宿行业收入最高的4个市县分别为三亚市(85.73亿元)、海口市(54.53亿元)、万宁市(10.10亿元)和琼海市(9.74亿元),4个市县旅游住宿经营收入之和为160.10亿元,全省旅游住宿行业总收入为191.66亿元,海南省2017年基于旅游住宿经营收入的旅游业集中度为83.35%。

2017年海南省旅游游览行业收入最高的4个市县分别为三亚市(24.45亿元)、海口市(14.45亿元)、保亭县(3.96亿元)和琼海市(2.15亿元),4个市县旅游游览经营收入之和为45.01亿元,全省旅游游览行业总收入为50.33亿元,海南省2017年基于旅游游览经营收入的旅游业集中度为89.43%。

2017年海南省旅行社行业收入最高的4个市县分别为海口市(14.34亿

元)、三亚市(7.12亿元)、琼海市(0.43亿元)和东方市(0.19亿元),4个市县旅行社行业经营收入之和为22.08亿元,全省旅行社行业总收入为22.88亿元,海南省2017年基于旅行社行业经营收入的旅游业集中度为96.50%。

2017年海南省旅游商业收入最高的4个市县分别为三亚市(82.58亿元)、海口市(62.79亿元)、万宁市(13.52亿元)和琼海市(9.37亿元),4个市县旅游商业行业经营收入之和为168.26亿元,全省旅游商业行业总收入为212.74亿元,海南省2017年基于旅游商业行业经营收入的旅游业集中度为79.09%。

另外,根据表5.5可以看出,2017年海南省旅游住宿就业人数最多的4个市县分别为三亚市(5.77万人)、海口市(3.58万人)、万宁市(0.74万人)和琼海市(0.72万人),4个市县旅游住宿就业人数之和为10.81万人,全省旅游住宿就业总人数为13.39万人,海南省2017年基于旅游住宿就业人数的旅游业集中度为80.73%。

2017年海南省旅游游览就业人数最多的4个市县分别为三亚市(8.24万人)、海口市(4.81万人)、保亭县(1.43万人)和琼海市(0.80万人),4个市县旅游游览就业人数之和为15.28万人,全省旅游游览就业总人数为17.73万人,海南省2017年基于旅游游览就业人数的旅游业集中度为86.18%。

2017年海南省旅行社行业就业人数(包括导游从业人数)最多的5个市县分别为海口市(0.91万人)、三亚市(0.44万人)、琼海市(0.03万人)、陵水县(0.02万人)和东方市(0.02万人),4个市县旅行社行业就业人数之和为1.42万人,全省旅行社行业就业总人数为1.47万人,海南省2017年基于旅行社行业就业人数的旅游业集中度为95.24%。

2017年海南省旅游商业行业就业人数最多的4个市县分别为三亚市(8.99万人)、海口市(7.35万人)、万宁市(1.63万人)和琼海市(1.14万人),4个市县旅行社行业就业人数之和为19.11万人,全省旅行社行业就业总人数为24.88万人,海南省2017年基于旅游商业行业就业人数的旅游业集中度为76.81%。

表 5.6 和图 5.2、图 5.3 分别报告了基于收入和就业的海南旅游业主要行业集中度测算情况。

表 5.6　基于收入和就业的海南旅游业主要行业集中度测算结果

	旅游住宿/%	旅游游览/%	旅行社/%	旅游商业/%
基于收入的 CR₄	83.35	89.42	96.24	79.09
基于就业的 CR₄	80.83	86.13	95.38	76.83

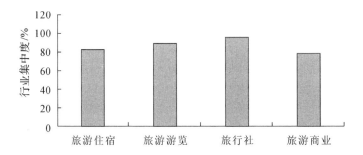

图 5.2　基于收入的海南旅游业主要行业集中度

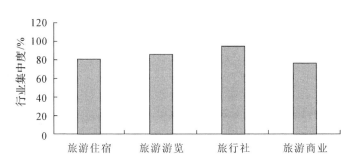

图 5.3　基于就业的海南旅游业主要行业集中度

四、空间分异特征分析

海南四大主要旅游行业集中度测算结果表明,全省旅游住宿经济、旅游游览经济、旅行社经济、旅游商业经济高度集中在 4 个市县。全省 85.08% 的旅游经济收入集中在三亚、海口、万宁和琼海 4 个市,其中三亚一个市的旅游经济占全省的比重达 46%。三亚一个市的旅游住宿经济占全省比重高达 45%,旅游游览经济在全省占比高达 49%,旅游商业经济占全省比重达到 39%。除了三亚、海口、万宁、琼海、陵水和保亭,其他市县的旅游经济规模几乎小到可以忽略不计的地步。这与海南作为国际旅游岛和全域旅游示范省的国家战略定位极不相称。

第三节　主要结论

一、海南旅游业集聚空间上极不均衡但出现向好发展态势

2010—2019 年海南旅游业集聚发展态势分析表明,海南各市县旅游业集聚发展极不均衡。无论是旅游游览、旅游住宿、旅行社和旅游商业,都已形成了在海口市和三亚市高度集中的局面。虽然海南旅游业区位熵存在或增或降的波动,但政策、市场、产业等对海南旅游业集聚发展均具有现实且强大的拉动效应。在未来很长一个时期,海南旅游业将持续受到中国特色自由贸易港建设,尤其是具有世界影响力的国际旅游消费中心建设的利好政策推动,旅游业及以其为龙头的现代服务业作为国家给海南自贸港规划的主导产业方向,无疑将得到更多、更实、更持续的重点倾斜和长期扶持。与此同时,在海南自贸港对标全球最高开放水平,加快开放以旅游业和现代服务业为重点的服务市场的背景下,海南旅游业必将日益融入区域甚至国际旅游市场之中,市场在旅游业发展进程中的资源配置决定性作用将不断得到强化,对海南旅游业集聚发展必然产生巨大的市场拉动效应。海南旅游业本身已经开始出现在省域范围和重点市县及周边区域的集聚发展形态。琼海市、万宁市、保亭县、陵水县等市县分别在大三亚旅游经济圈和作为全省政治、经济、社会和文化中心的海口市的辐射带动下快速发展,海南旅游业正在从海口市、三亚市、琼海市、万宁市、保亭县、陵水县等市县向周边市县、区域进一步延伸。随着田字形高速网络、环岛高铁到旅游目的地"最后一公里"等的不断完善,海南旅游业集聚发展趋势将不断得到强化并持续向好发展。海南中部市县已开始出现旅游业集聚发展的现象,西部市县也正在依托生态环境、地域文化、民族风情等旅游要素,其旅游业的集聚发展也在蓄势待发。

二、海南旅游业主要行业集聚的结构性矛盾突出

1.旅游业主要行业集聚的空间结构矛盾。旅游住宿、旅游游览、旅行社、

旅游商业作为海南旅游业主要领域,其集聚发展水平之间存在严重的结构性矛盾,严重影响和制约海南旅游业集聚发展的速度、质量,导致海南旅游业在全国及区域周边市场热度日益增强的同时出现了显著的相对下滑。

旅游游览点一般在 A 级景区中,4A、5A 级景区主要集中于大三亚旅游经济圈范围内,其他市县拥有的 A 级景区非常有限,乐东县、白沙县、昌江县、临高县等多个市县至今尚无 A 级景区。旅游游览点过度集中于个别区域,其他区域无法形成足够的游客吸纳能力,且存在季节性过度集中的结构性问题。

旅游住宿点绝大多数集聚在三亚市、万宁市、琼海市、海口市、陵水县等滨海海湾区域,中西部地区甚至东部个别市县也尚未形成旅游酒店集聚的现象。不同档次的旅游酒店在空间上过度集中和过度分散问题并存,三亚作为海南旅游业首屈一指的集聚地,接待中低端游客的能力严重短缺,导致普通游客怨声载道。中西部市县具有对中高端旅游有强大吸引力的生态环境、地域文化、民族风情,但却基本没有中高端游客的接待服务能力。

旅行社绝大多数开办在海口市和三亚市,除了琼海市、五指山市、陵水县有极少量存在外,大部分市县至今没有旅行社进入。

全省旅游商业在三亚市的高度集聚尤其显著,海口市旅游业依托其全省政治、经济、文化和社会中心的地位,对游客的吸引力也有一定增加,但其他 18 个市县旅游商业收入总和仅占全省的 13% 左右。

2.旅游业四大行业集聚发展之间的结构性矛盾。海南基于星级酒店营业收入的旅游业区位熵 2013—2019 年在全国基本上都排在第一位,而其基于产业收入的海南旅游业区位熵在全国连续 5 年都在第 14 位和第 17 位之间徘徊。这说明海南旅游酒店发展在全国首屈一指,但旅游业其他主要行业,尤其是旅行社行业和旅游商业集聚发展乏善可陈。

与全球知名自由贸易港比较,海南旅游业主要行业发展失衡的问题更加突出。2017 年,香港旅行社行业收入占其旅游主要行业总收入的比重为 7.5%,新加坡为 7.3%,迪拜为 9.7%,而海南只有 4.8%。这说明海南旅行社行业的集聚发展严重滞后于旅游住宿、旅游游览等旅游业其他主要行业。

2017 年海南旅游商业收入占其旅游业四大主要行业(旅游游览、旅游住宿、旅行社和旅游商业)收入总和的比重为 45%,而新加坡、香港和迪拜分别为

58％、46％和57％。这说明海南旅游商业集聚发展现状,无论是绝对值还是相对值,与建设具有全球影响力的国际旅游消费中心的自贸港建设目标相去甚远,也充分说明在海南已经实施多年的免税购物政策效应远未充分发挥出来。

三、海南旅游业集聚亟待突出规模经济

与新加坡、香港、迪拜等全世界知名的自由贸易港相比,甚至与国内其他省区市相比,海南旅游业的集聚发展仍处在初级阶段。海南旅游业规模仍然太小,尚处于追求规模经济和范围经济的时期,亟待提高旅游业生产能力、经济拉动效应以及对省域经济的贡献度。海南旅游业收入、就业人数、企业培育、产能产值、接待规模、管理效能、产品优势、服务质量、品牌打造等各方面均存在极大的提升空间。与国际旅游消费知名目的地、旅游业发达地区和国内其他省区市相比,作为海南省旅游业高度集聚地的三亚市、海口市,两市的旅游经济加在一起超过全省旅游经济的3/4,在省内具有绝对优势地位,但均未能形成对国内外旅游市场的标志性的核心吸引力,甚至没有一家在国内具有影响力的"航母级旅游企业"。

四、海南旅游业集聚发展面临诸多新挑战

无论是相对于国际旅游岛、国际旅游消费中心和中国特色自由贸易港的国家战略定位,还是相对于海南遍地存在的热带岛屿和海洋旅游资源以及国家全域旅游示范省的发展要求,海南旅游业集聚发展水平不仅明显太低,而且加快集聚发展面临的挑战很多。一是宏观层面,海南旅游业集聚发展面临日益激烈的全球和区域竞争。中央对海南改革开放和发展定位、战略、政策、重点支持方向等方面的调整,以及同时推进的中国特色自由贸易港建设、国际旅游消费中心建设和乡村振兴战略,也在虹吸旅游业集聚发展的政策、人才、土地、资金等资源,有可能不利于进一步完善海南旅游业集聚发展的市场支撑和资源保障体系,有可能使海南旅游业集聚发展停滞在当前状态。二是中观层面,海南旅游业集聚发展面临来自认知层面、发展模式、实现路径、行动策略等方面的挑战。三是微观层面,部分市县政府还存在对旅游业集聚发展重要性认识不足的问题,乱作为、懒作为甚至不作为,严重影响海南旅游业集聚发展

全局,形成对海南旅游业集聚发展细节和末端的挑战。

第四节　本章小结

本章首先利用海南 18 个市县 2017 年旅游业及其旅游住宿、旅游游览、旅行社和旅游商业四大旅游主要行业的收入数据,测度了每个市县 5 个维度的旅游业区位熵,研判每个市县旅游业在全省旅游业中的地位和重要性,描述刻画海南旅游业集聚发展在 5 个维度上的时空分异特征;接着利用旅游住宿、旅游景区、旅行社和旅游商业四大主要旅游行业的收入和就业数据,测度 18 个市县旅游业四大主要行业 8 个维度的集中度,描述了海南四大主要旅游行业集中度的空间分异特征;最后依据上述测度和研判结论,分析海南旅游业集聚发展的空间分布严重失衡、区域分布结构性矛盾与主要行业发展结构性矛盾的原因,以及加快海南旅游业集聚发展面临的宏观、中观和微观层面的矛盾和挑战。

第六章　海南旅游业集聚发展影响因素分析

本章综合前几章的定性研究和定量评估及其结果的分析结论，建模实证影响海南旅游业集聚发展的主要因素，并讨论和分析这些影响海南旅游业集聚发展因素的深层次根源。

第一节　研究设计

根据区位熵理论，区位熵中的"熵"是比率的比率。一个地区某产业的区位熵是该地区该产业产值和该地区总产值的比率与全国该产业产值和全国总产值的比率之间的比率。尽管区位熵计算方法简单方便，但不能反映区域经济发展水平的差异。区位熵表征的产业集聚程度往往存在偏差和失真。海南旅游业区位熵测算方法仅仅纳入了海南旅游业产值、海南GDP、全国海南旅游业产值和全国GDP四个变量。区位熵仅仅反映前两个变量的比率与后两个变量的比率两两之间的比率，难以揭示真正影响海南旅游业集聚度的其他因素。影响海南旅游业在全国旅游业中的地位，应该还有很多其他因素。

通过咨询相关专家，笔者认为，除去海南气候、大海、生态等自然禀赋的影响因素，本章假设真正影响海南旅游业集聚度的主要因素很可能包括但不仅仅限于以下几个因素：(1)全国的经济发展水平，该因素既是海南旅游业区位熵值测算公式中的变量，又反映海南旅游主要客源地的经济状况；(2)全国人均可支配收入，该因素影响游客对旅游产品、旅游服务质量、旅游服务性价比、旅游目的地等的选择；(3)国内游客规模，该因素体现海南旅游主要客源地游客的潜在规模；(4)国内游客人均消费水平，该因素体现海南旅游主要客源地潜在游客的消费能力；(5)海南旅游业规模，该因素反映海南旅游业发展现状及其对游客的吸引力;(6)海南经济发展水平,该因素是影响海南旅游业集聚发展的内生变量;(7)海南旅游设施总体情况,该因素反映把海南旅游业发展水平及对游客的吸引力,影响着游客对海南旅游的选择;(8)海南规模以上旅游设施的等级,该因素反映海南旅游核心吸引物质量和水平,因为高水平高质量的核心吸引物是游客体验海南旅游的主要动力;(9)海南交通运输能力,该因素反映把海南作为旅游目的地的游客旅游的可达性,交通便利与否影响游客对旅游线路的选择;(10)海南游客规模,该因素是海南旅游业市场需求动力的重要指标;(11)海南对外开放政策实施情况,该因素指的是国家赋予旨在促进海南旅游发展对外开放政策的实施情况,对外开放水平是旅游业集聚发展的重要影响因素。

本节基于上述关于海南旅游业集聚主要影响因素的基本假设,建模实证影响海南旅游业集聚发展的主要因素。

第二节　分析模型和指标选取

考虑到不同指标可能存在多重共线性,本节首先采用最小二乘法对海南旅游业集聚的各个影响因素进行基准回归,然后采用惩罚线性回归模型对上述影响因素进行筛选。惩罚线性回归模型适合处理高维数据,可以处理变量个数大于样本容量的情况。本研究可利用数据的可回溯年份有限,集聚效应又存在诸多影响因素,因而具有高维数据的特征。高维数据伴随的多重共线性问题会导致回归系数不稳定。因此,本节综合考虑多种集聚影响因素,采用惩罚线性回归模型(penalized regression)中的岭回归(ridge regression)方法。该方法可以在不损失信息量的前提下规避多重共线性问题,实现变量筛选功能。具体算法如下:

$$\hat{\beta}_{ridge} = \arg \min(y - X\beta) + \lambda \| \beta \|_2^2 \tag{6.1}$$

在上式中,$\hat{\beta}_{ridge}$ 代表采用岭回归方法估计的系数,y 代表海南旅游产业集聚水平,X 代表影响海南旅游产业集聚水平的因素,λ 代表根据拓展的贝叶斯信息准则计算出的最优惩罚力度。X 为假设因素 ;x_1 为国内生产总值,代表全国经济发展水平;x_2 为人均国内生产总值,代表人均经济水平;x_3 为国内游客人次,代表国内游客规模;x_4 为国内游客人均消费值,代表国内游客人均消费水平;x_5 为海南旅游收入,代表海南旅游业规模;x_6 为海南省生产总值,代表海南经济发展水平;x_7 为 A 级景区数,代表海南旅游设施规模;x_8 为海南 4A 级及以上的景区数,代表海南旅游设施的水平和质量;x_9 为海南机场旅客吞吐量,海南是岛屿省份,游客来海南旅游乘坐的交通工具是飞机,很大程度代表海南交通运输能力;x_{10} 为海南游客数,代表海南游客规模;x_{11} 为国际游客人次,代表国家支持海南旅游业发展政策的落实情况,国家赋予海南免签政策,大部分来海南的国际游客都办理免签,故国际游客人次在一定程度上反映了免签政策所起的作用,反映了对外开放政策对海南旅游业集聚的影响。

通过拓展的贝叶斯信息准则(Extended Bayesian Information Criterion,EBIC)对上述影响海南旅游业集聚效应的变量的重要性进行筛选。贝叶斯信息准则基于传统的残差平方和计算而得,拓展的贝叶斯信息准则对贝叶斯信息准则的计算方式进行了修正(Chen & Chen,2008),其计算方式如下:

$$\text{EBIC} = N \times \log(\text{RSS}/N) + \text{df} \times \log(N) + 2 \times \text{gamma} \times \text{df} \times \log(p) \quad (6.2)$$

N 为样本容量,RSS 为残差平方和,df 为有效自由度,gamma 为拓展的贝叶斯信息量参数,p 为变量个数。以上影响因素作为测度指标的数据选取时间段为 2008—2019 年,数据来自 2008—2019 年国家国民经济和社会发展统计公报、海南省国民经济和社会发展统计公报、海南省旅游和文化广电体育厅官网和《海口美兰机场市场年度分析报告》《三亚凤凰机场市场年度分析报告》(见附录 D)。

第三节 回归分析结果

采用最小二乘法进行基准回归得到各种影响因素在海南旅游业集聚发展中的作用(见表 6.1)。回归结果显示,全国经济增长和消费者购买力的提高与表征海南旅游业集聚度的区位熵呈负效应关系,全国 GDP 总量每增加 1 个标准差单位,海南旅游业区位熵下降 0.73 个百分点;全国人均 GDP 每增加 1 个标准差单位,海南旅游业区位熵下降 0.736 个百分点;国内人均旅游消费和国内游客总数与海南旅游业区位熵之间也有类似的负效应关系。

表 6.1　影响海南旅游业区位熵的全国性因素

影响因素	（1）	（2）	（3）	（4）
全国 GDP	−0.729＊＊ （0.000000141）			
全国人均 GDP		−0.734＊＊ （0.00000199）		
国内游客人均消费			−0.818＊＊＊ （0.000135）	
国内游客总数				−0.697＊ （0.0024）
N	12	12	12	12
adj. R−sq	0.472	0.483	0.630	0.422

注：＊＊＊、＊＊、＊分别表示估计结果在 1％、5％、10％的水平上显著。括号中是经过调整的标准误。

同样,纳入实证的海南省各项社会经济指标也未能对旅游业集聚起到积极的促进作用(见表 6.2)。海南旅游收入每增加 1 个标准差单位,旅游业区位熵下降 0.658 个标准差单位,海南省的 GDP、景区数量与 A 级景区数量的变化,与其旅游业区位熵之间也呈现负效应关系,其中 A 级景区与区位熵之间的负效应关系尤为显著,机场吞吐量和游客数量的变化对海南旅游业区位熵的负向影响也有约 0.6 个标准单位。但是,国际游客数量变化对海南旅游业区位熵的影响不显著。

表 6.2　影响海南旅游业区位熵的区域影响因素

影响因素	（1）	（2）	（3）	（4）	（5）	（6）	（7）
海南旅游收入	−0.653＊＊ （0.000128）						
海南 GDP		−0.736＊＊ （0.0000230）					
海南 A 级景区			−0.635＊＊ （0.00321）				
海南 4A 级及以上的景区				−0.511 （0.0139）			

续　表

影响因素	(1)	(2)	(3)	(4)	(5)	(6)	(7)
海南机场吞吐量					$-0.636**$ (0.0000293)		
海南游客量						$-0.617*$ (0.0000165)	
海南国际游客数							-0.064 (0.00285)
N	12	12	12	12	12	12	12
adj. R－sq	0.360	0.485	0.330	0.170	0.331	0.304	-0.118

注：***、**、*分别表示估计结果在1％、5％、10％的水平上显著。括号中报告的是经过调整的标准误。

　　根据拓展的贝叶斯信息准则确定的第一轮惩罚系数 lambda 为 958.95,通过岭回归模型选定的最具影响力因素如表 6.3 所示。最小二乘法部分汇报标准化系数,而岭回归模型则汇报未经标准化的原始系数,二者在数量级上有所差别。为使惩罚项的选择更为精准,通过缩小值域在该值附近进行第二轮 EBIC 选择,矫正确定惩罚系数为 lambda＝1043.19。岭回归模型对变量筛选的结果如表 6.4 所示。

表 6.3　岭回归模型结果(lambda＝958.95)

Selected	Ridge	Post－est Ols
国内游客总数	-0.0001075	-0.0177081
海南 A 级景区数	-0.0001284	-0.0001161
海南 4A 级及以上的景区数	-0.0003836	-0.0632031

表 6.4　岭回归模型结果(lambda＝1043.19)

Selected	Ridge	Post－est Ols
国内游客总数	-0.0001002	-0.0177082
海南 A 级景区数	-0.0001199	-0.0001161
海南 4A 级及以上的景区数	-0.0003591	-0.0632031

　　表 6.3 和表 6.4 汇总的回归结果显示,在诸多影响海南省旅游业区位熵的因素中,最为重要的三个因素分别为国内游客总数、海南 A 级景区数和 4A 级及以上的景区数。在采用不同惩罚系数的情况下,影响因素筛选结果及其

系数都保持稳定,验证了岭回归分析结果的稳健性。

第四节　实证结果分析

根据基于旅游收入的旅游业区位熵值测算结果表明,2008—2012 年海南旅游业区位熵值递减,2013—2014 年有短暂上升,2015—2017 年又递减。2008—2019 年,区位熵代表的海南旅游业集聚程度呈现持续波动特征,总体呈下降趋势。这说明与全国平均水平相比,海南旅游业在地区国民经济中的地位存在逐年降低的趋势。

出现这种情况的重要因素之一是,随着国内游客数量增加,选择海南的游客却没有同比例增加。按照一般逻辑,国内游客数量增长意味着海南旅游客源市场的扩大,能够促进海南旅游业收入的增长,进而提高海南旅游业由区位熵表征的产业集聚度。然而,全国游客数量的增长却没有带来海南游客的同比例增长,因为国内游客规模扩大的红利更多地被其他省区市和境外旅游目的地分享。全国旅游收入占全国国民经济总量之比重的增长速度,明显高于海南旅游收入占海南国民经济总量之比重的增长速度,导致了海南旅游业区位熵的下降。

惩罚性岭回归模型选择结果表明,A 级景区数量是导致海南旅游业区位熵下降的最主要影响因素之一。A 级景区数量的增加能够促进旅游业的集聚发展。但是,如果新增 A 级景区和原有 A 级景区的升级改造创造的新的游客吸引力,小于其他省区市新建和改造 A 级景区创造的新的游客吸引力,海南游客数量不能随着全国游客数量的增长而同比例增长,海南旅游业区位熵逐年下降就是一个必然趋势。

在 A 级景区中,对海南旅游业区位熵影响更为显著的是 4A 级及以上的景区数量。4A 级及以上景区是旅游业最核心的吸引物,这也验证了笔者长期从事旅游管理工作的一个发现和切身感受——海南新评为 4A 级及以上的景区,无论是新建的还是改造升级的,都与其他省区市新建的一流景区在规模和质量上难以相提并论。这是海南旅游吸引物的吸引力相对下降,到海南的游客数量未能随着全国旅游人数的快速增长而同比例增长,导致海南旅游业区位熵多年持续下降的重要原因。

除了上述三个海南旅游业区位熵主要影响因素外,海南不停扩容的民航机场吞吐量对其旅游业区位熵也未能产生正面影响。这在一定程度上说明海南民用机场吞吐量的增长速度也低于其他省区市旅游交通能力的提升速度,成为另一个导致海南旅游业区位熵连年下降的同样不可忽视的原因。

尽管海南国际旅游岛建设上升为国家战略已经超过 10 年,但从每年境外游客人数占游客总人数的比重看,国际旅游岛的名号很难名副其实。在建设国际旅游岛的前 4 年,经历了境外游客数量持续下滑的尴尬局面。直到 2017年,海南入境过夜游客才刚刚超过 100 万人次,占国内外过夜游客人次 6745万的比重只有 1.48%;2018 年境外过夜游客人数 126 万人次,占国内外游客人次 7627 万的比重只有 1.65%;2019 年境外过夜游客人次 142 万,占国内外游客人次的比重仍然只有 1.72%。早在 2000 年,海南省开始实施 21 国人员团队入境旅游 15 天免签政策,2010 年将免签入境政策适用国家增加至 26个;2018 年 5 月 1 日起,在海南省实施 59 国人员入境免签政策,并将原有的15 天或 21 天免签停留时间统一延长至 30 天,还将原有的团队免签放宽至个人免签,也就是放开了人数限制。尽管如此,海南入境游客人次占比却一直低到可以忽略不计的程度。这很可能说明,海南享有的旅游业对外开放政策未能有效实施。

以上用产业区位熵表征的影响海南旅游业集聚度的种种因素,背后的原因是什么,是一个需要进一步探究的问题。

第五节　影响因素的根源讨论和分析

针对前几章定量评估和建模分析发现的海南旅游业集聚发展存在的问题及其影响因素,笔者通过查阅资料、走访座谈和实地调研后认为,海南旅游业集聚发展存在的问题都有深层次的根源。

一、影响海南旅游业集聚发展的体制机制根源

一是旅游业集聚发展的顶层设计亟待加强。透过定性分析和实证分析可

见,加快建设中国特色自由贸易港不仅关乎新时代海南全面深化改革开放全局、海南国际旅游岛建设和中国自由贸易试验区转型升级进程,而且关乎海南旅游业集聚发展路径、模式、动力和体制机制创新等问题。因此,要推动海南旅游业集聚发展,必须以建设具有全球影响力的国际旅游消费中心为核心目标,加强海南旅游业集聚发展的顶层设计。

二是旅游业集聚发展治理的体制机制亟待创新。旅游业集聚发展治理体制机制的建立健全,必须符合中国特色自由贸易港建设的根本要求和路径选择。实证分析结果表明,在加快探索建设中国特色自由贸易港背景下,如何创新构建旅游业集聚发展治理结构及其体制机制已成为核心理论议题和重大实践命题。

二、海南旅游业集聚规模不大的各种根源

一是旅游业集聚发展重点方向与定位不清晰。传统旅游业主要包括旅行社、旅游饭店和旅游景区等三大行业,但当旅游业从单纯的第三产业拓展到了一、二、三产融合发展的新阶段,尤其是海南步入加快探索建设中国特色自由贸易港的新时期,不难看出旅游业集聚发展的重点和方向也必将发生全面改变。海南必须在巩固旅游业集聚发展的现有基础上,明确旅游业集聚发展的创新思路、重点方向、发展定位、主要目标、核心路径等,确保旅游业集聚发展对其他相关产业甚至是整个地区经济的拉动效用得到充分发挥和体现。

二是旅游业园区总部建设和旅游企业集聚创新发展准备不充分。整体上,海南旅游业集聚发展水平较低,除了酒店在大三亚地区形成了亚龙湾、三亚湾、海棠湾、大东海、清水湾、七仙岭、龙沐湾等较低层次的集聚外,其他旅游行业都未形成集聚发展的基本态势,旅游业演进及结构优化更为不足,未能产生对全球知名旅游企业的足够吸引力,也缺乏对旅游业园区的足够重视。缺乏发展旅游业园区总部经济的空间、政策、资金、技术、环境、氛围、基础设施、保障措施等条件,导致支撑中国特色自由贸易港建设的旅游业园区总部经济发展迟迟难以大规模实质性启动。同时,旅游企业创新发展准备不充分。海南本土涉旅企业创新能力评价结果显示,海南旅游企业创新能力严重不足,总体上规模偏小、发展水平较低、品牌价值影响较弱,缺乏在全国甚至全球拥有重要影响力的知名企业和品牌。

三是旅游业集群发展的基础设施亟待完善。海南海口美兰机场、三亚凤凰机场已经超负荷运行,难以满足日益增长的游客到海南旅游的需求。海南港口基础设施及其配套设施不完善。目前只有三亚1个邮轮专用港口,进出港查验设施设备相对落后,未配备指纹识别等高科技自助通关设施,难以满足大型邮轮数千名游客快速下船的需求。港口交通换乘枢纽缺失,缺少直达景区的快速交通通道。海口港、秀英港区集装箱泊位难以兼顾满足邮轮停靠需求。联检大厅由旧仓库改建而成,候船大厅规模较小。查验厅候检区面积较小,缺少游客自助查验通道,难以满足游客通关需求。

四是旅游业集聚发展的营商环境改善空间仍然较大。综合新加坡、迪拜等,以及我国各省区市旅游业集聚发展的经验来看,包括旅游业在内的经济要高质量发展,必须有高质量的营商环境保障。特别是在加快探索建设中国特色自由贸易港的新形势下,营商环境必然引导企业投资走向,只有积极主动营造良好的营商环境,才能牢牢把握未来的发展机会。但是,海南旅游业营商环境总体较差,政务、企业、法治、市场等各方面表现均与中国特色自由贸易港提出的新要求有较大差距。

三、海南国际旅游消费集聚缓慢的主要根源

一是旅游业集聚发展开放度较低。与新加坡、迪拜,甚至与我国部分省区市相比,海南旅游业的集聚发展与开放程度仍然较低,导致海南旅游产品和服务国际化水平发展严重滞后,入境旅游市场发展长期处于较低水平,过度依赖俄语市场,成为建设具有全球影响力的国际旅游消费中心面临的最大短板。旅游业中的景区、酒店、旅行社和旅游商业等重点行业,除了部分由国际管理集团管理的高档旅游酒店有境外从业人员外,星级酒店内境外人员比例仍在个位数,景区、旅行社和旅游商业等行业的境外从业人员十分鲜见。在旅游业外商投资方面,仅有个别旅行社和餐馆有少量境外投资,旅游业园区外商投资仍属空白。旅游新业态、新热点发展也受制于开放程度不够。博鳌国际医疗旅游先行试验区、岛屿旅游、西沙旅游方面的外商投资、准入、退出等,均未确立起开放发展与风险管控相协调的体制机制。

二是旅游业集聚发展创新策略不清晰。在"旅游+"理念指导下,海南国

际旅游岛建设和全域旅游示范省创建,要求把经济建设、社会进步、文化繁荣、生态保护等有机结合,"旅游+""+旅游"深度融合发展使旅游业集聚发展的内涵、特征和路径发生了明显改变,旅游业集聚发展面对的不再是相对单一的某一个要素或几个要素的简单集聚,而是更加强调多要素、新要素的集聚和系统融合。因此,旅游业集聚发展的关键抓手必须明确清晰。但是,政府、企业、行业协会等至今都没有找到合力推动旅游业有效有序集聚发展的各自抓手,重要根源是涉旅社会各界都没有促进旅游业集聚发展的策略。

三是旅游业集聚发展创新示范引领不足。2010 年海南国际旅游岛建设上升为国家战略后,海南设立了国际旅游岛先行试验区。10 年过去了,先行试验区建设与发展至今仍然停留在优化规划、基础设施和基本民生等"服务性"工作上,培育旅游业、引进旅游业、发展旅游业、引导和扶持旅游业等"生产性"工作进展甚微,"权力清单""责任清单""负面清单"制度建设滞后、投资动能转化缓慢、经济拉动效应迟滞、管理运行机制不畅等问题突出,不仅未能在机制创新、模式创新等方面取得成功,而且严重滞后于国际旅游岛建设全局。推进一个产业的全面深化改革开放也是复杂的系统工程,理想的推进方式是先行试验区的示范和引领。但是,海南国际旅游岛上升为国家战略后设立的先行试验区难以发挥这一作用,导致海南旅游业集聚发展的创新示范引领严重缺失。

四、海南旅游业集聚结构失衡的主要根源

一是旅游业投入空间和行业不均衡。海南各市县旅游业投入不均衡。海南西部市县尚未充分认识到旅游业集聚发展能够产生的社会效益和经济效益,并没有真正把旅游业视为自由贸易港建设的第一主导产业,大部分市县发展旅游业缺乏专项资金支持,难以引导旅游业走向集聚发展。西部地区和中部地区不仅缺乏 A 级景区和高端品牌酒店,且能够吸引游客的高端文化产品更是少之又少,接待服务设施较差,娱乐设施简陋,旅游安全防护设施建设滞后,都在严重制约海南旅游业向拥有丰富旅游自然资源的中西部集聚。

二是旅游业对经济社会发展的主导拉动效应不明显。海南经济总量很小,作为海南第一支柱产业的旅游业集聚发展水平太低、太不均衡是重要根源。旅游业作为主导产业之一,对关联产业的拉动效应很低。由于旅游商品、

活动、业态、热点、文创等创新发展严重滞后，很难与第一、第二产业和旅游业之外的第三产业中的涉旅行业融合发展，且涉旅产品和服务的旅游化水平及层次较低，导致旅游业主导拉动效应不明显。

五、海南旅游业集聚可持续发展能力不强的主要根源

第一，旅游业集聚创新发展的生态建设滞后。一是，旅游业集聚发展政策体系不完善，政策环境不利于旅游业集聚发展。推进旅游业集聚发展尚未成为各级政府、旅游业内部、其他产业和社会各界的普遍共识。二是，市场在资源配置中的决定性作用尚未有效，难以形成对旅游业集聚正向引导和激励的经济环境。三是，公众、游客对旅游业高度集聚三亚等少数市县、来海南旅游成本远高于周边国家和地区的现象微词颇多，一系列的负面消息也让很多游客望而止步，开始用脚投票，转而去东南亚各国体验异国风光，严重影响旅游消费在海南的集聚。四是，生态环境是旅游业集聚发展的画布及背景。海南是国家生态文明试验区，但随着全国生态文明建设阔步前行，吸引旅游业集聚发展的优势不是在增强，反而在一定程度上衰减。五是，文化作为旅游的灵魂和根本，在海南旅游业发展中被有意或无意削减，甚至消解，旅游产品和服务基于文化创意、情怀驱动等，海南旅游资源丰富而旅游文化建设严重滞后，也在严重影响旅游消费和旅游投资的集聚。

第二，旅游业集聚发展的人才短缺。一是地方院校旅游科研人员和旅游发展实践结合不够紧密，以加强地方教育机构参与旅游业集聚发展为目的的交流活动很少。二是地方院校旅游管理类硕士、本科毕业生，真正从事旅游行业的比例不高，普遍存在毕业就转行的现象，而不少旅游企业也认为没必要引进高素质、高水平人才。三是利用旅游企业人才回炉再培训的工作力度不够。四是引进境外旅游人才的政策和机制还不够开放。

第三，旅游业集聚发展的支撑体系不健全。通过构建旅游业自由贸易体系推进旅游业集聚发展，需要政府、行业协会、市场、企业、社会公众、游客等多元主体的共同支持和参与，需要以多元主体的人才、资金、技术、物力、空间等各方面的有效支撑。这些多元主体在构建旅游业自由贸易体系与推进旅游业集聚发展方面，应该提供何种支持、分别应该承担哪些责任、享有哪些权利，都

没有明确界定。

第四,旅游业集聚发展的第三方评价缺失。第三方评价是把握旅游业集聚发展现状、态势、矛盾和挑战的重要举措,是持续推进旅游业集聚发展的重要保障条件。但是,海南至今尚未建立旅游业集聚发展的第三方评价机制。政府部门长期同时扮演着"教练"和"运动员"的角色,缺乏科学、客观、准确考核评价体系来提供决策依据。更是缺乏来自第三方,如企业、公众、游客、专业协会等的评价监督。

第六节　本章小结

本章建模论证了导致以产业区位熵表征的海南旅游业区位熵持续下降的主要因素,得出了以下结论:一是全国游客数量的快速增长没有带来海南游客的同比例增长,海南旅游产品和服务的性价比与东南亚国家相比没有竞争力,说明海南对国内游客的吸引力一直在持续相对弱化;二是作为重要游客吸引物的 A 级景区,尤其是 4A 级及以上景区,其建设数量、建设规模和建设质量落后于其他省区市;三是民用航空机场吞吐量代表的旅游通达性落后于其他省区市,制约游客数量的增长;四是中央赋予海南的游客免签入境政策实施不到位,入境游客人数少到几乎可以忽略不计的程度。这些因素以及尚未纳入实证模型的其他更多的因素共同作用,影响旅游业向海南的集聚,导致海南旅游业区位熵一路走低。本章最后分析了制约海南旅游业集聚发展及其主要影响因素背后的原因,包括旅游业集聚发展的顶层设计亟待加强、旅游业集聚发展治理的体制机制亟待创新、旅游业集聚发展重点方向与定位不清晰、旅游业园区总部建设和旅游企业集聚创新发展准备不充分、旅游业集群发展的基础设施亟待完善、旅游业集聚发展的营商环境改善空间仍然较大、旅游业集聚发展开放度较低、旅游业集聚发展创新策略不清晰、旅游业集聚发展创新示范引领作用不够、旅游业集聚发展的人才短缺等。

第七章　加快海南旅游业集聚发展的思考与建议

根据上一章就海南旅游业集聚发展影响因素及其各种根源的分析,笔者进行了调查研究,走访了相关研究机构和旅游企业。笔者走访过的旅游业集聚发展研究领域的大部分专家学者、政府旅游管理部门的多数官员、旅游企业的大部分中高级管理人员也都认为,本章研究发现的影响海南旅游业集聚发展的各种因素,都有深层次的政策、体制、制度和机制根源,都与旅游业集聚发展重点方向不清晰、基础设施不健全、旅游资源开发质量和水平不高、旅游吸引物稀少单调、旅游品牌缺乏吸引力、本土旅游企业实力有限等因素密切相关。据此,笔者形成了加快海南旅游业集聚发展的初步思路和建议。

第一节　加快提升海南对游客的吸引力

一、打造更多促进旅游的吸引物

为加快旅游业集聚发展,海南需要多措并举尽快增加旅游吸引物的数量、不断提高旅游吸引物的规模和质量,加大旅游综合体、主题公园及中高端旅游、文化产品的供给,形成一批符合国内外游客需求的高品质、高层次、高水平的旅游文化体育消费产品,全面加速产业转型升级。

第一,海南需要加快引进一批国际旅游品牌。在落实安缦酒店品牌落地海南的同时,要继续引进雅高、万豪、洲际、凯悦等酒店集团旗下的品牌入驻,引进迪士尼、六旗、凯蒂猫、乐高、探索发现等国际人气主题公园和爱玛客、金巴斯、食其家、农心等餐饮集团入驻。引进国际知名的文体娱乐品牌运营商,包括香港信德集团、美国 DCS 公司、韩国 FNC 等。

第二,海南需要全力打造旅游业的"夜经济"。针对重点旅游区设置通宵娱乐演艺场所,出台管理办法和修改有关治安条例。打造符合游客需求和习惯的通宵营业酒吧、娱乐演艺场所。

第三,海南需要加快打造游客集聚区。在海口、三亚、琼海等地建成酒吧、美食、民俗工艺品等主题街(区)。打造特色旅游文化街区和国际旅游点。对海口观澜湖旅游度假区、陵水清水湾旅游度假区、三亚海棠湾"国家海岸"休闲度假区、三亚邮轮母港等主要旅游园区进行重点打造,提供适合游客需求的产品和服务。围绕海口观澜湖体育特色小镇、三亚潜水和水上运动小镇等打造体育旅游示范区。

第四,海南需要着力打造一批特色旅游项目。在景点景区和特色城镇开展热气球、直升机、水上飞机、翼装飞行、滑翔、跳伞等国际热门旅游体验项目,创办海南沙滩运动、嘉年华品牌活动。

二、加快景区吸引物的提质升级

景区的转型提升工作,要由"单一型、孤岛式"发展向"联动型、扩散式"发展转变。要组织动员非 A 级景区向 A 级景区升级。鼓励现有的景区进行更新改造,旅游景区要找准发展定位,突出特色,全面提高建设品质,深度挖掘景区的本土特色和文化主题,增加景区文化内涵,着力培育特色产品,提升景区档次。低 A 级要向高 A 级旅游景区升级,4A 级景区要创建 5A 级景区,3A 级景区要创 4A 级景区。旅游景区要通过业态跨界融合,实现景区功能再造。景区要加强与农业、林业、工业、文化、体育、商务等相关产业融合发展,培育丰富业态及产品,打造更具有吸引力的景区核心吸引物,提升景区的核心竞争力。

三、加大景区吸引物配套设施建设力度

要确保游客"进得来、行得畅、游得欢、出得去",对旅游景区周边的旅游交通线路进行合理规划布局,提高景区的交通可达程度,同时要克服与周边地区景点之间旅游资源屏蔽现象,促进客源共享,创造多赢局面。要围绕着景区加快对周边餐饮、住宿、娱乐、交通、旅游厕所、自驾车营地、电动汽车充电桩、停

车场等配套设施建设。要着力推进景区及公路沿线建筑的标示标牌体系、游客服务中心体系、标识引导和解说体系、散客自助游服务体系、自驾车旅游服务体系和安全救援体系建设。要加快景区道路两旁景观规划建设，合理布局景观点、景观带、景观区、景观轴线等。通过对景区周边配套设施建设，不断改善景区的经营运营环境和综合服务匹配性。

第二节　加快推进旅游业集聚发展的体制和政策创新

一、强化旅游业开放发展的顶层设计

海南建省办经济特区 30 多年来，按照国家赋予的战略定位，旅游业及其集聚发展取得了巨大成就。在海南建省办经济特区的早期阶段，海南每年接待的游客人数在 100 万人以下。到了 2017 年，海南接待的过夜游客人次已经增长到 6745 万。仅就该数据而言，海南省旅游业发展进步的确很大。在旅游业发展过程中，海南省进行了多方面探索和尝试，成立了我国首个旅游警察部队、世界最大单体免税店等。海南省人大及其常委会高度重视以立法引领推动旅游业发展，加强旅游业等重点产业立法，审议通过和批准 16 件相关法规，促进海南旅游业健康有序发展，为打造海南经济升级版提供了坚实的法制保障。近些年，海南省立足国际旅游岛、经济特区以及自然人文环境等优势，始终坚持做全国改革开放的排头兵，全面落实"旅游＋"的旅游发展策略，重点发展全域旅游、文化旅游、医疗旅游、会展旅游等优质旅游产品，旅游业国际化进程不断推进。海南省正在建设"全域旅游示范省"，打造具有全球影响力的海岛休闲旅游消费度假胜地。

虽然海南旅游立法在数量上领跑全国，但保障旅游投资自由与旅游服务贸易自由的政策、体制、制度、机制仍然需要从顶层上进一步强化和完善。

对任何一个岛屿经济体而言，开放都是立足之本。海南省旅游业只有不断扩大开放、提升开放水平，建立更高标准的开放指标体系，才能获得旅游业集聚发展的更大动力。因此，海南应通过强化旅游业扩大和深化对外开放的顶层设计，按照自贸港建设对旅游业发展提出的新要求，加快旅游业集聚发展。

1.海南需尽快落实的涉及旅游业优惠贸易政策《海南自由贸易港建设总体方案》，不断提升旅游贸易服务水平，为旅游业集聚发展注入新的经济要素，提升资源聚集能力，全面推动旅游产业链发展。尽快落实旅游业生产资料减免政策，零关税的实施范围应该包括旅游业原材料、旅游酒店和旅游景区建设需要的技术装备、日常用品、配套用品、基建设备、电气设备、会议设备等；还需要不断增加免税购物品种并提高限额，扩展免签范围，加快发展赛马、彩票、游轮等新兴产业。

2.海南需要加强全面贯彻"旅游＋"理念的政策、体制、制度、机制设计，推进旅游资源在海南省全域、旅游业不同行业的资源共享、共融和共建，促进旅游业和其他产业深度融合，加快文化旅游产品、乡村旅游产品、休闲旅游产品、医疗旅游产品等新型旅游产品的策划和培育。通过旅游业和其他产业的深度融合，在不断创新旅游产品的同时，持续推动旅游业集聚转型发展。

3.海南需要对标全球最高开放水平，完善海南旅游业对外开放的政策、体制、制度、机制，以扩大开放倒逼深层次改革，引入旅游业集聚发展的新模式、新路径和新举措。

4.海南需要对标全球旅游消费市场对外开放的最高水平，完善海南旅游消费市场，不断扩大和深化对外开放的政策、体制、制度、机制，积极培育旅游消费新业态、新模式和新热点，着力提高旅游服务质量和国际化水平，打造业态丰富、品牌集聚、环境舒适、特色鲜明、具有全球影响力的国际旅游消费胜地。

5.海南需要以促进旅游业集聚空间均衡为目标，完善推动旅游业集聚发展的政策、体制、制度、机制，尽快改变全省一半以上旅游经济高度集中在"大三亚旅游圈"的空间格局。

二、创新旅游业集聚发展治理的体制机制

1.尽快出台旅游市场综合治理监督责任清单，实现由旅游部门为主导、其他所有涉旅部门多元参与的旅游业集聚发展治理清单，通过网站公告、网络平台等渠道对外公布，建立旅游主管部门、所有涉旅部门、所有旅游行业之间信息共享的平台和机制，提升综合监管效率和治理效果。

2.需要进一步完善旅游服务质量治理机制。推进导游管理体制机制改革。完善导游资格准入、导游上岗、导游归属管理、薪酬及社会保障、培训教育及激励机制,提高导游素质,杜绝"黑导"现象发生。实施导游员工化和导游管理公司实体化改革,支持导游管理中心向社会开放,鼓励符合资质的社会力量开设、经营导游管理中心。

3.需要进一步完善旅游行业协会,创新深化改革和快速发展的治理机制。创新旅游协会、各旅游行业协会的运作模式,发挥行业安全服务和自律监管职责,对旅游企业行为进行有效规范。以广大旅游行业协会发展水平和运行质量提升为目标,建立健全独立法人社团组织登记制度。

4.需要进一步完善促进旅游标准化建设的治理机制。对国家标准、地方标准、行业标准等进行全面修订,并组织实施。出台旅游业可持续发展能力、创新能力、旅游产品和服务标准,确保旅游监管标准与旅游企业发展水平、可持续发展能力、创新能力、产品和服务标准的高度匹配。通过不断扩大试点工作范围,推进标准化试点,鼓励各级地方旅游业标准化建设,创建并重点扶持一批运行规范、具有全球影响力的名牌旅游企业,以此全面提升旅游业产品和服务的标准化水平。

5.需要进一步完善旅游诚信治理机制。建立健全旅游业失信惩戒制度,完善信息公示制度,将旅游服务的企业信用公示制度和信息系统相结合,从而更直观有效地对企业失信情况进行查阅。利用全国统一信用信息共享交换平台加强信息流通,进一步完善联合惩戒和协同管理的全面监管体系,加大对企业失信行为的惩罚力度,促进旅游企业规范化运行。

三、加快完善旅游业集聚发展的政策体系

1.需要进一步完善旅游业集聚发展的优先政策。出台旅游业为主导的现代服务业发展政策,控制生态保护地区旅游项目开发,推动破坏自然生态环境的行业转型升级。明确旅游业集聚发展的优先项目,建立健全旅游业集聚发展优先项目的保障制度,对主要服务节点和干线进行空间管制,对旅游业集聚发展所需各项基础设施和配套设施提出严格管理要求。

2.需要进一步完善加快旅游业集聚发展的优惠政策体系。适当返还景区

和旅行社增值所得税,降低旅游企业准入门槛,新成立的旅游企业按规定享受税收减免;在不破坏景观的前提下,放宽景区和旅游基础设施建设规定;对住宿业、餐饮业和景区实行优惠用水、用电、用燃气价格,对优秀企业进行适度政策补贴。

3.需要出台加快旅游业集聚发展的奖励政策。制定国家、省相关政策的落实细则,完善实施进展考核评价机制,保障政策落实。继续巩固和加密现有入境航线航班,对开辟新的国际、港澳台航线的航空公司给予起降费等方面的优惠,为入境游客提供便捷的旅游航空服务。对新获评国家3A级及以上旅游景区和四星级及以上旅游饭店、新获评全国工农业旅游示范点、省级工农业旅游示范点的企业、输送游客人数当年达到一定标准的省内旅行社,给予奖励和补助。

第三节　加快扩大旅游业集聚规模和提高实力

一、加快旅游业集聚发展迫切需要的基础设施建设

海南省是岛屿省份。航线是海南发展旅游的生命线,航线开拓是推动海南旅游业集聚的最有效途径之一。因此,海南需要加快海口美兰机场新一期工程和三亚新机场建设,推动作为亚洲论坛配套服务设施的琼海博鳌机场尽快升格为国际机场,分流和承接海口和三亚的部分国际航线,同时加快海南邮轮港口及其配套设施建设,为游客提供便利的邮轮交通服务。

二、进一步明确旅游业集聚发展的重点方向

旅游业只有实施品牌发展战略,才能实现旅游业通过集聚发展不断壮大。海南旅游业集聚要在更高发展层面不断取得新的突破,需要把品牌战略作为加快旅游业集聚发展的重点方向。要加快实施品牌提升工程,在旅游业所有主要行业全方位打造海南旅游产品品牌。除了政府组织动员不断加强旅游品牌在国内外的宣传推广外,旅游企业必须以打造具有全球影响力的知名品牌为目标,承担起不断打造优质旅游品牌的主体责任。旅游企业必须坚持诚信

经营的理念,跳出价格竞争为主的经营模式,立足旅游产品的创新和质量来维护自身品牌,在发展过程中凸显休闲度假的品牌属性。所有景区都必须充分考虑海南省旅游业的整体定位,以游客满意度和舒适度为目标,最大限度地为游客提供舒适和休闲服务。针对不同的客源国,制定差异化营销方案,结合客源市场的游客需求和文化背景,充分利用多样性的文化资源,建立针对性营销方案。海南省有必要成立旅游品牌专业研究机构,对不同客源国的旅游需求进行研究,全方位提升游客亲景度,通过创新旅游产品满足不同国家游客需求,积极开展旅游促销活动和宣传推广活动。充分利用各种现代化媒体,加强对城市形象和旅游品牌的宣传推广。建立与其他国家大型旅游机构和代理商的密切联系,扩展市场渠道,针对不同国家的旅游市场采取不同的旅游营销策略。继续提升大型文旅活动和体育赛事的影响力,全面提升旅游"软件水平"。按照国际化标准完善旅游体系,建立健全旅游企业管理体系,通过整合行业资源,提升海南旅游核心竞争力。建立旨在保护海南旅游品牌的游客接待中心体系,通过全方位增强海南省旅游服务质量来提升海南旅游的品牌形象。海南旅游的核心品牌在于不可复制的生态环境。在海南自由贸易港的四大定位中,建设国家生态文明示范区对打造海南旅游品牌具有最直接的作用。因此,海南打造的旅游品牌应该成为生态旅游品牌。

三、进一步找准加快海南旅游业集聚发展的关键抓手

顺应新技术和新产业革命催生旅游业发展理念和发展模式深刻变化的大趋势,按照自贸港建设对海南旅游业发展的新定位和新要求,海南加快旅游业集聚发展必须找准以下主要抓手。

1. 推进智慧旅游发展。智慧旅游主要在三个方面,分别是旅游服务智慧、旅游管理智慧和旅游营销智慧。加快实现从传统旅游管理模式向现代管理模式的转变,利用先进技术了解市场信息,把握游客活动和旅游企业经营数据信息;利用大数据技术,在科学分析的基础上客观准确研判旅游业集聚发展,以主动服务和监管取代被动服务和监管,以实时服务和监管取代事后服务和监管。通过舆情监督和数据分析,捕捉游客不断变化的兴趣点,培育旅游热点,引导和帮助旅游企业提升旅游产品策划的针对性和有效性。

2.推进文化旅游发展。文化旅游需要建立在文化差异的基础上,通过文化内部的互动和碰撞,在文化融合基础上,彰显文化的艺术性、民族性、多样性等,提升旅游景点和旅游服务与游客的互动性,增强文化旅游的人文属性。文化旅游的本质是游客对旅游文化资源的体验,服务和引导游客认知、感悟、享受旅游文化资源的基本内涵,从而体现文化旅游的功能性特征。游客在文化旅游过程中可以感受到一种超然的文化氛围,在景点体验过程中感受文化信息,充分体现审美的激发功能。文化旅游是高端旅游产品,旅游文化是通过旅游直接看到、听到和感受到的文化。文化旅游的核心在于文化,而旅游仅仅是一种形式,文化旅游是旅游目的和效用的一种定性。海南要加快旅游业集聚发展,需要着力推进海南特色文化与旅游产品和服务的有机融合,加快打造改革开放文化旅游产品和服务、红色文化旅游产品和服务、经济特区文化旅游产品和服务、热带岛屿文化旅游产品和服务、黎苗少数民族文化旅游产品和服务、热带海洋文化旅游产品和服务、热带雨林文化旅游产品和服务等。

3.推进生态旅游发展。生态旅游是以特色生态环境为主要景观,通过生态体验、生态教育、生态认知获得心身愉悦的旅游产品和服务,是在生态环境中获得休闲的审美旅游和服务。海南拥有得天独厚的生态景观资源。加快海南旅游业集聚发展,海南急需把更多的生态景观资源打造成旅游吸引物。生态环境是海南旅游业能在全国旅游业中占有一席之地的立足之本,只有将生态环境作为一种创新资源,才能独辟蹊径,借助差异化市场进行竞争。现阶段,传统旅游形式的市场空间不断压缩,市场竞争程度不断提升,只有不断创新,在现有生态环境资源基础上创造新颖的旅游产品,才能提升生态旅游对游客的吸引力;只有在旅游产品和服务中融入本地民俗义化,才有可能形成海南地域性和民族性的旅游产品,也才能吸引各种旅游要素在海南的集聚。

4.推进体育旅游发展。体育旅游最近几年快速发展,成为富国强民的重要标志。但多种信息显示,海南体育旅游发展严重滞后,其发展现状与发达国家和地区 20 世纪 70 年代左右的体育旅游相近。与其他旅游方式相比,体育健身旅游是一种积极的休闲方式,可以充分体现人的本性,在不同个体之间建立一种无形纽带,从而提升游客的归属感和文化品位。随着生活水平的不断提高,人们对自身健康更加关注,逐渐成为社会大众生活的一部分。海南拥有天然的体育旅游资源,可为自行车赛事、登山赛事、游艇赛事等赛事旅游提供全球最优的环境和条件,更有自由贸易港的政策和制度环境。因此,要吸引全世界的体育旅游品牌和其他体育旅游要素落地,海南需要以加快体育旅游为重要抓手。

5.推进热带特色农业旅游发展。农业旅游是把农业与旅游业结合在一起,以农林牧副渔等农业资源和农业活动为基础开发的旅游产品和服务,也是利用农业景观和农村空间吸引游客前来参观体验的一种新型农业经营形态,主要为城市游客提供一种寻根、观光、旅游、度假、休闲等方面愉悦身心的旅游产品和服务。海南拥有非常丰富的热带农业旅游资源和独具特色的热带乡村风光。吸引以猎奇、观光、休闲、度假为目的的游客和其他旅游要素向海南集聚,海南急需以丰富的热带农业资源和独具特色的热带乡村风光为基础,加快推出具有独特吸引力的农业旅游产品和服务,建设良好的基础设施,为目标游客提供采摘、农耕、饲养、垂钓等农业活动,让城市游客可以感受到回归自然的乐趣,提升城市和乡村居民精神生活的丰富度,实现农业生产、生态环境和社会效益的高度统一。

6.推进会议旅游发展。会议旅游是会展旅游的一种,广义上属于商务旅游范畴,一般指会议接待者利用召开会议的机会,组织各国与会者参加的旅游活动,往往带有与工作相关的目的。会议旅游随着经济的发展、交流的增加产生、壮大。会议旅游的消费档次和费用远高于普通观光。会议旅游是以会议为主要目的的依附型旅游形式。海南应该充分借鉴博鳌亚洲论坛发展成为海南会议旅游吸引物的经验和做法,打造更多的会议旅游品牌和会议旅游吸引物,吸引全国乃至全世界的会议旅游品牌和其他要素向海南更大规模集聚。

四、进一步加快推进海南旅游产业园区总部经济建设

旅游产业园区是各类旅游资源集聚发展的平台,对国内外旅游要素具有极大的吸引力和向心力。总部经济是伴随着商务园区、中心商务区的出现而被发现的一种经济模式。由于具有单一产业价值的吸引力,带来众多资源的大规模聚合,形成有特定职能的经济区域,在此区域的高端集合,成为一种特殊的经济模式,在中国称为总部经济,该区域也相应地被称为总部基地。

吸引全球旅游要素向海南集聚,需要尽快把旅游基础较好的海口市、三亚市打造成国家生态文明试验区的展示区和国际消费中心的体验区。重点打造世界一流的零碳新城、彰显中国文化海南特色的靓丽名片、城乡一体和谐共生的中国示范基地与全球领先的生态CBD(中央商务区)。海南要发展旅游业总部经济,首先必须在项目用地上向旅游产业园区倾斜,保障园区用地。旅游产业园区要采用最短、最简单的负面清单,对外商投资全面而严格地实行准入前国民待遇加负面清单管理制度,从全球引进优质旅游项目。

第四节 加快形成打造国际旅游消费中心迫切需要的一流营商环境

一、打造全国领先、国际一流的营商环境

在中国特色自由贸易港建设进程中,海南必须充分发挥全国表率作用,不断优化营商环境,加快形成法治化、国际化、便利化、国内领先、国际一流的营商环境,最大限度地发挥市场在资源配置中的决定性作用,杜绝政府对企业生产活动的直接干预。各级政府应虚心接受和积极采纳国内外市场主体关于营商环境的意见建议,积极回应企业家的诉求和愿望,从政务、市场、社会、法治、生态等方面全力以赴支持企业发展,完善各项优惠政策,为各类市场主体提供会计、法律、仲裁等专业服务,提高民企普遍关注的政府诚信度,真正打造全国领先、国际一流、法治化、国际化、便利化的营商环境,给全球旅游品牌和旅游要素向自由贸易港集聚创造真正有吸引力的旅游市场。

二、加快提升旅游业的创新能力

加快提升海南省旅行社、景区、酒店、旅游消费等旅游企业创新能力。产品和服务的质量是游客旅游决策的核心要素。引导文化和旅游企业围绕文化和旅游消费市场的新变化和新需求,大力推进产品创意创新和服务提质升级。加强旅游企业运营管理创新,有效提升旅游企业效率和竞争力。首先,旅游企

业在未来创新发展的过程中,应更重视创新效果,而不是盲目追求投入成本,投入成本大但效率低会拖累企业的创新进程,会错过最佳创新时机,使得企业竞争力逐渐降低,企业的持续创新需求陷入困境。其次,在市场竞争中,旅游企业不能只关注产品的销售份额,还要关注产品在整个市场中的影响力,当旅游产品在竞争时表现出市场占有率高的特点时,更能反映旅游产品的创新效果,同时,旅游企业还要在适应市场的同时有效利用网络技术,坚持发展的战略眼光,结合互联网技术优势,增强市场营销的精准性,提高营销效率,降低营销的人力成本及时间成本。

此外,旅游企业应注重社会联系网络的建立与维护,政府联系有助于企业获得关键性资源,实现突破性创新;商业联系有助于企业收集各方面有效信息,帮助企业最大化效用;研发联系则有助于实现产学研的联合,提升企业创新水平。资源拼凑是企业提升创新水平的重要手段,因此,企业应改变对资源用途的固化认知,加深对资源价值的理解,并积极尝试各种创新方案,以应对创新挑战。企业要注重创新搜索的强度,在创新过程中需要合理分配创新搜索活动中的资源,积极搜寻关键的知识和信息。

三、最大限度提高旅游业集聚发展的对外开放水平

为加快国内外旅游产品和服务消费以及各种旅游生产要素向自由贸易港集聚,第一,应按照中国特色自由贸易港建设对海南旅游业扩大和深化对外开放的要求,加大对境外旅游投资的开放范围和领域,率先开放医疗、健康、养老、教育、文化市场,探索对其他国家和地区实行医疗、健康、养老、教育、文化等产业项下的自由贸易政策,在医疗、健康、养老、教育、文化等产业尝试实施零关税、零壁垒和零补贴政策。第二,加大旅游业集聚开放发展体制机制创新,争取中央支持海南探索开展外资、独资开办旅游企业的商事制度改革,完善境外投资海南旅游业发展的准入、退出机制。第三,加大海南涉旅人才国际化力度,根据海南涉旅企业人才需求情况,精准引进专业化、职业化境外旅游人才,同时加大高校旅游专业人才培养,完善涉旅企业在岗职工的培训再教育工作机制。第四,针对不同客源市场,加大特定旅游产品、景区(点)及其服务体系的创新开发和建设,为不同境外客源市场提供适应其需求的国际化旅游

产品及服务。第五，加大海南国际语言环境建设，重点完善中小学、中职中专、高职高专等针对目标客源国市场的外语人才培养，同时加大社会外语培训工作力度，利用好国内外"候鸟外语人才"和外语培训机构等，建立起覆盖全社会的外语教育培训体系。

第五节　加快优化海南旅游业集聚的空间结构

一、强化市县间协同发展

优化海南旅游业集聚空间结构，就是要促进旅游业集聚在不同市县之间协同发展。促进海南旅游业集聚在不同市县之间协同发展，必须优化旅游资源配置。优先集中发展优势行业并向优势地区集聚，提高优势地区对周边旅游经济的辐射拉动效应。大三亚旅游圈应带动中部市县联合发展，同时加大西部旅游资源开发力度，缩小海南省内旅游业集聚水平的差距，提高海南旅游业集聚的整体水平。政府应加大对中西部旅游业的扶持力度。从西部实际出发，尽快确定未来西部旅游业集聚发展的方向和布局，以精准扶贫为抓手，促进海南省域内各市县旅游经济协同发展。鼓励和支持三亚和海口具有规模、实力和竞争力的旅游企业，加强市县旅游企业的横向合作。旅游主管部门应以供给侧结构性改革为主线，以三亚市和海口市为中心，规划和引导旅游城市群建设，促进全省各市县旅游业的错位、互补和协同发展。

二、加快推动南北互动发展

海澄文一体化综合经济圈。包括海口、文昌、澄迈 3 市县。以推动建设海口国家级新区、打造 21 世纪海上丝绸之路和环南海旅游经济圈的重要战略支点、建设南海资源开发服务基地和海上救援基地、海南国际旅游岛全方位对外开放核心区为目标，以海口市为中心，积极推动海澄文经济一体化发展。近期借助琼州海峡经济带和北部湾城市群发展契机，发挥海口便捷交通和综合服务的优势，强化区域旅游合作，将其建成国际旅游岛综合服务中心和重要旅游目的地，大力发展国际性商务旅游和城市休闲旅游，辐射带动文昌和澄迈在旅游装备制造、低碳休闲旅游基地、热带高效休闲农业、休闲度假旅游、航天科技旅游等方面实现突破发展。中远期在海澄文区域范围内实现基础设施、旅游服务、生态环保等方面的一体化。

大三亚旅游经济圈。包括三亚、乐东、陵水、保亭 4 市县。以建设 21 世纪海上丝绸之路会客厅、创新型旅游特区、世界旅游精品区域、环南海经济圈中心区、南海文明传承创新示范区、海洋经济国际合作示范区为目标,加快推进大三亚旅游经济圈转型升级。近期以三亚市为中心,规划统筹区域旅游土地、岸线、景区资源,带动乐东、陵水、保亭旅游发展,突出滨海度假、黎苗风情度假、雨林风情度假等特色,共同打造海南度假旅游和旅游新业态发展的龙头片区。中远期做好"陆海统筹、山海互动、蓝绿并进",推进区域内旅游业发展、基础设施建设、公共服务和生态环保一体化,放大"大三亚"旅游品牌在区域发展中的影响和价值,致力将三亚打造成世界级滨海旅游城市。

三、加快东西部组团发展

东部康养旅游组合。包括琼海、万宁 2 市。近期发挥当地特色产业和旅游资源优势,加强两市在健康养生旅游产品开发和旅游线路设计方面的合作,重点发展商务会议旅游、国际医疗旅游、滨海体育旅游、美丽乡村旅游和低空旅游。借助举办博鳌亚洲论坛、中非合作论坛以及建设兴隆华侨旅游经济区的机遇,加强对外交流与合作,打造国际休闲外交旅游目的地。中远期大力深化旅游业与医疗健康产业、热带高效农业、海洋渔业、农产品加工业融合发展,促进产业链上下游延伸。

西部山海旅游组合。包括儋州、东方、临高、昌江 4 市县。近期着力建设以海花岛旅游度假区、东坡文化旅游区、昌江棋子湾度假养生区为代表的一批重点旅游项目,形成区域带动。中远期进一步提升旅游项目的国际化水平,打造以奇美西岸、原生态黎乡、历史文化为特色的西部旅游目的地。

四、稳步推进中部、三沙组团发展

中部雨林旅游组合。包括五指山、定安、屯昌、琼中、白沙 5 市县。近期积极对接海口、三亚,重点发展热带农业旅游、森林生态旅游、民族风情旅游和民族工艺品制造。结合田字形高速路建设,将琼中打造成海南中部旅游服务中心。中远期通过示范项目带动、产业创新升级,逐步建成海南旅游新的增长极。

三沙海洋旅游组合。包括三沙市西沙群岛、中沙群岛、南沙群岛的岛礁及其海域。近期在保护生态环境的前提下,扩大三沙旅游范围。加快完善三沙旅游基础设施,高水平开发特色岛礁精品度假旅游,开通三沙邮轮旅游新航线,培育多元化、主题化海洋旅游项目,建设西沙群岛海洋综合旅游区。中远期探索发展中沙群岛海洋观光旅游区、南沙群岛邮轮休闲旅游区,打造一批品牌引领型海岛度假旅游项目,将三沙建设成为 21 世纪海上丝绸之路海洋旅游合作区和国际热带海洋旅游目的地。

第六节　加快提升旅游业集聚发展的可持续能力

一、加强旅游业集聚发展的人才队伍建设

人才是旅游业集群发展的重要因素。第一,加大人才培训力度。对旅游产业的从业人员开展人才岗位培训,内容包括旅游新业态、市场监管、网络营销、政策法规、服务管理和质量提升、安全生产等。第二,大力支持海南本土院校的旅游学院人才培养工作。旅游管理部门要与旅游学院建立良好的合作关系,鼓励和支持教师承担旅游管理部门的决策研究、课题研究和委托策划等项目。支持教师对旅游管理的实际问题进行调研,了解行业动态和前沿信息,从而优化教师自身的知识结构和认知领域,促进本土旅游学院全方位多角度的人才培养。第三,探索开展扩大旅游人才对外开放。一方面积极探索如何为外籍技能人员和外国学生等在海南旅游业工作及实习等提供入境和居停留便利;另一方面根据《海南省建设国际旅游消费中心的实施方案》的要求,积极推动"允许境外人员在海南报考导游员资格证(中文)"政策落地。

二、强化旅游业集聚发展依托的生态环境建设

第三届联合国环境大会首次出台了《环境部长内罗毕宣言》,明确了对地

球生态环境恶化的关注,并通过了若干决议和承诺,致力改善全球数十亿人的生活,共同建立一个零污染的地球。治理地球污染需各行各业参与。旅游资源过度开发等不合理的人类活动,正以前所未有的速度破坏生物的栖息地。旅游开发特别需要纳入生态保护管理系统之中。

旅游业发展依托的生态环境是指旅游目的地的各种自然和社会资源,包括当地特殊的地理环境、自然景观、文化特色、风土人情等。大自然赐予人们美好的自然环境供人们享受。生态环境不仅是旅游业发展的物质源泉,也是游客的观赏对象。海南旅游业能够吸引旅游消费和各种旅游要素集聚的最大本钱是得天独厚的生态环境。因此,海南要加快吸引国内外游客和全球旅游要素集聚,必须优先加快国家生态文明试验区建设,"坚持新发展理念,坚持改革创新、先行先试,坚持循序渐进、分类施策,以生态环境质量和资源利用效率居于世界领先水平为目标,着力在构建生态文明制度体系、优化国土空间布局、统筹陆海保护发展、提升生态环境质量和资源利用效率、实现生态产品价值、推行生态优先的投资消费模式、推动形成绿色生产生活方式等方面进行探索,坚定不移走生产发展、生活富裕、生态良好的文明发展道路,推动形成人与自然和谐共生的现代化建设新局面……"不断强化作为旅游业集聚发展依托的生态环境建设。

三、不断完善旅游业集聚发展的社会环境

创新集聚发展观念,"大旅游"产业要充分立足旅游业的独特优势,选择发展和应对策略,积极引进全新的发展理念和思路,进而推动大旅游业发展。不管是政府部门,还是相关从业者,都必须树立"大旅游"的发展观念和发展意识。在编制旅游业发展规划过程中,应该充分发挥社会各界的主观能动性,突破传统单一的发展模式,积极发展工业旅游、农业旅游、科技旅游、修学旅游等多种旅游业态,促进旅游资源与其他资源融合,形成"大旅游"发展格局。加快社会治理体制机制创新,尽快彻底改变旅游管理仍然存在政出多门、多口管理的状态,深化改革旅游管理体制,充分协调各部门,强化部门协调分工,构建完善的管理体制,充分发挥多元化旅游主体的作用。

四、建立健全旅游业集聚发展第三方评价体系

第三方评估倡导客观独立的评估,保证评估结论的专业性与权威性,形成社会广泛认可、公信力高的评估结果。积极营造良好的评估工作氛围,只有全社会形成良好氛围,特别是重视科学的氛围,才能顺利开展第三方评估工作,才能引导决策者深层次地认识传统绩效评估的缺点,并提高政府优化治理水平的决心。基于此,应该通过各种途径宣传引入第三方评估,相关部门要加大对第三方评估机构的支持力度,尤其是问卷调查、座谈访谈、实地考察以及资料收集等各个环节的支持力度,从根本上减少相互推卸责任、暗中阻碍等情况。

第三方评估仅仅是一种手段,而非目的。第三方应该及时向委托方反馈评估结果,委托方合理运用评估结果,作为制定或者调整政策的依据。应该及时向参评单位反馈评估结果,让其更客观地认识尚存问题,并督促其改进。以政府公开网站等渠道公布评估结果,自觉接受社会公众监督,倡导以公众参与制度执行涉旅政策,使第三方评估真正在海南旅游业集聚发展中发挥应有的作用。

第七节　本章小结

本章结合前几章定量评估和实证分析得出的结论,针对笔者调查研究发现的海南旅游业集聚发展问题及其根源,围绕"加快提升海南对游客的吸引力""加快推进旅游业集聚发展的体制和政策创新""加快扩大旅游业集聚规模和提高实力""加快形成打造国际旅游消费中心迫切需要的一流营商环境""加快优化海南旅游业集聚的空间结构""加快提升旅游业集聚发展的可持续能力"等提出初步思路和建议。

第八章 结论与展望

一、主要研究工作与研究结论

本研究在综述和述评国内外关于自由贸易港内涵及本质特征、旅游业集聚动力、旅游业集聚发展路径、旅游业集聚评价理论与评价方法、自贸港建设与旅游业集聚发展关系等研究文献的基础上,主要开展了以下研究工作,得出相应的研究结论。

1.在对海南自由贸易港建设与旅游业集聚发展之间的关系进行理论分析的基础上,围绕海南旅游业集聚发展现状和影响因素开展了4项定量研究和1项实证分析。

定量研究1:

从旅游业收入、A级景区经营收入和星级酒店经营收入3个维度,测度、比较和分析了全国31个省区市的旅游业区位熵,研判了海南旅游业在全国旅游业中的地位和重要性。

定量研究2:

从旅游业收入、A级景区经营收入和星级酒店经营收入3个维度,测度、比较和分析了全国与海南的旅游业空间基尼系数,研判了海南旅游业集聚发展的区域均衡程度。

定量研究3:

基于旅游住宿营业收入、旅游游览经营收入、旅行社行业经营收入和旅游商业经营收入,测度、比较和分析了海南、香港、新加坡和迪拜4个自由贸易港旅游业四大主要行业间的协调发展程度。

定量研究 4：

先从旅游业及旅游住宿、旅游景区、旅行社和旅游商业四大主要旅游行业的收入和就业维度,测度、比较和分析了海南省每个市县 8 个维度的旅游业区位熵,研判了每个市县旅游业在全省旅游业中的地位和重要性,描述海南旅游业集聚发展的时空分异特征；然后从旅游住宿、旅游游览、旅行社和旅游商业四大主要旅游行业的收入和就业维度,测度、比较和分析了每个市县旅游业四大主要行业 8 个维度的集中度,描述了海南四大主要旅游行业集中度的空间分异特征。

实证研究：

假定全国经济发展水平、全国人均经济能力、国内游客规模、国内游客人均消费水平 4 个全国性因素,以及海南旅游业规模、海南经济发展水平、海南旅游设施规模、海南规模以上旅游设施、海南交通运输能力、海南游客规模、海南对外开放政策实施情况 7 个海南因素,共 11 个影响海南旅游业集聚的因素,构建岭回归模型分析了海南旅游业集聚的影响因素。

前三项定量研究的主要结论如下。

定量研究 1 的主要结论：从产业区位熵的测度结果看,海南旅游业集聚发展水平在全国 31 个省区市中仅处在中等水平,与海南旅游业作为海南自由贸易港第一主导产业的战略定位差距极大；海南旅游业主要行业中的星级酒店行业在全国具有显著的地位和优势,但也说明海南旅游业发展在主要行业间存在结构性矛盾,星级酒店超前发展,景区行业和旅行社行业发展滞后；尽管享有免税购物政策,旅游商业发展依然滞后。

定量研究 2 的主要结论：海南省内旅游业空间基尼系数远大于我国其他省区市,这说明海南各市县间旅游业发展极不均衡。

定量研究 3 的主要结论：海南旅游业主要行业的集聚发展水平与新加坡、香港、迪拜三大自贸港相比,没有明显优势。海南陆地面积 3.54 万平方千米,是香港的 32 倍,是新加坡的 39 倍,迪拜的 9 倍,尽管拥有得天独厚的热带旅游资源,但其每 100 平方千米的旅游业四大行业总收入只有香港的 0.07%,只有新加坡的 0.86%、迪拜的 2.88%。海南旅游酒店产业区位熵在 4 个自贸港中排名第二,集聚程度较高,与香港相比具有比较显著的优势,与新加坡相比也具有比较显著的优势。但旅游景区、旅行社和旅游商业三大行业的收入的绝对值和发展水平与境外三大自贸港相比差距极大。

前三项定量研究总的结论是：海南作为国际旅游岛的旅游业集聚优势并不突出，旅游业集聚发展在不同市县之间极不均衡，旅游业集聚动力不足，国际旅游消费需求集聚缓慢，集聚发展可持续性不够。

定量研究 4 的主要结论：海南全省旅游经济，包括旅游住宿经济、旅游游览经济、旅行社经济、旅游商业经济都高度集中在占比不足 1/4 的 4 个市县（85.08％），其中三亚一个市的旅游经济占全省比重就高达 46％、旅游住宿经济占全省比重高达 45％、旅游游览经济在全省占比高达 49％、旅游商业经济占全省比重达到 39％。这与海南作为国际旅游岛和全域旅游示范省的国家战略定位极不相称。由此推论可以发现，海南旅游业集聚空间上极不均衡，旅游业主要行业集聚发展的空间结构性矛盾和四大行业之间集聚发展失衡的结构性矛盾都十分突出，海南旅游业集聚亟待突出规模经济，海南旅游业集聚发展在宏观、中观和微观三个层面都面临十分严峻的挑战。

实证研究的主要结论：影响基于旅游收入的海南旅游业集聚区位熵的主要因素是国内游游客规模、海南旅游设施规模和海南达到一定水平的旅游设施规模。就海南本省而言，与国内新建的一流景区相比，海南新建或新评的 A 级景区，包括原来就被评为 4A 级及以上的景区，都存在规模不大、质量不高的问题，缺乏促进旅游业加快集聚发展的核心吸引物等，致使海南旅游吸引力相对持续减弱。

2. 笔者利用长期供职旅游管理部门的工作便利，通过访谈、邀请专家学者座谈等方式，讨论分析了影响海南旅游业集聚发展因素的主要根源，结论如下。

影响海南旅游业集聚发展的各种因素，都有深层次的政策、体制、制度和机制根源，也与旅游业集聚发展重点方向不清晰、基础设施不健全、旅游资源开发质量和水平不高、旅游吸引物稀少单调、旅游品牌缺乏吸引力、本土旅游企业实力有限等因素密切相关。

据此，笔者提出了加快海南旅游业集聚发展的初步思路和建议：一是从促进旅游的吸引物打造、吸引物提质升级、吸引物配套设施建设 3 个方面，提升旅游产业集聚发展的游客吸引力；二是从顶层设计加强、体制机制创新、政策体系完善三个方面，推动旅游产业集聚发展的体制和政策创新；三是从基础设施建设、明确集聚发展重点方向、找准集聚发展关键抓手、总部经济建设等方面，加快提高旅游产业集聚规模和实力；四是从营商环境、创新能力、对外开放水平等方面，加快形成建设国际旅游消费中心迫切要求的营商环境；五是从市县间协同发展，南北两地发展，东西部组团发展，中部、三沙组团发展等方面，加快优化海南旅游产业集聚的空间结构；六是从人才队伍、生态环境、社会环境、第三方评价体系等方面，着力增强旅游产业集聚发展的可持续性。

二、创新点

本研究的创新可以归纳为 3 点。

一是针对海南旅游业与自由贸易区（港）建设之间关系研究文献很少的现状，在研究视角上大胆探索，尝试分析了自贸港建设给海南旅游业集聚发展提出的新要求和带来的新机遇。

二是根据海南旅游业集聚发展及其定量评估和实证研究不多的现状，测度、比较和分析了海南与其他省区市由旅游业区位熵和空间基尼系数表征的集聚发展水平，还测算和比较分析了海南与境外知名自由贸易港由旅游业主要行业集聚度表征的集聚发展水平，也建模分析了由区位熵表征的海南旅游业集聚发展的时间分异特征和其主要行业集中度的空间分异特征，并根据上述定量研究结论分析了海南旅游业集聚发展存在的主要问题，丰富了海南旅游业发展研究的内容，本书在研究内容上实现了一定的创新。

三是采用适合处理高维数据的惩罚回归模型，量化解析了影响海南旅游业集聚的主要因素。这是在旅游业集聚发展现有研究文献中尚未发现的研究方法，在研究方法上有一定的创新，并据此提出以加快打造高水平旅游吸引物促进旅游业集聚发展、提高海南旅游业在全国旅游业中地位的思路，在研究观点上也有一定创新。

三、本研究的局限性与后续研究展望

笔者认识到，第一，本研究具有一定的探索性，因为能够检索并可供研究参考的直接相关的文献较少。第二,由于数据收集困难,有些实证研究未能依据时间序列数据来评估论证。例如,采用产业空间基尼系数方法来比较研究海南旅游业的相对集聚程度或相对均衡发展程度,更理想的方法是测算出包括海南在内的全国31个省区市的旅游业空间基尼系数。由于难以获得其他30个省区市所辖不同城市和地区旅游业统计数据,只能分别测算出全国和海南旅游业空间基尼系数进行比较分析。第三,笔者深感对海南旅游业集聚发展问题的分析不够深入,仅从海南旅游业区位熵出发实证分析了影响海南旅游业集聚发展的主要因素。此外,对海南旅游业集聚度不高背后的原因,只采用走访和座谈会方式,未能设计调查问卷通过大样本问卷调查来保证研究结论的可靠度。因此,笔者计划在后续研究中从更大范围检索和综述相关文献,加强该领域研究的文献基础;采用更有效的数据收集方法,避免数据约束,增强研究结论说服力;设计大样本调查问卷,更加全面、系统和深入地剖析海南旅游业集聚发展存在的问题及其深层次的体制、政策、机制性根源。

参考文献

[1]阿尔弗雷德·韦伯.工业区位论[M].李刚剑,陈志人,张英保,译.北京:商务印书馆,1997.

[2]埃德加·M.胡佛.区域经济学导论[M].王翼龙,译.北京:商务印书馆,1990.

[3]奥古斯特·勒施.经济空间秩序[M].五守礼,译.北京:商务印书馆,2010.

[4]宝贡敏.论现代旅游创新的方向[J].贵州社会科学,2006(1):9-11.

[5]保继刚.理论—实践—再理论—再实践[J].旅游学刊,2017(12):3-4.

[6]邴振华,高峻.长三角区域旅游产业集聚水平研究[J].旅游科学,2010(1):86-93.

[7]博鳌乐城,设国际医疗旅游先行区[N].海南日报,2013-12-28(T03).

[8]陈林.自由贸易区建设中的经验、误区与对策[J].经济学家,2016(5):87-95.

[9]陈梅,肖磊.我国旅游产业集聚特征与形成机理研究[J].商业时代,2010(29):120-121.

[10]陈其人.大卫·李嘉图[M].北京:商务印书馆,1985.

[11]陈蔚林.博鳌乐城将为患者提供世界一流医疗服务[N].海南日报,2017-03-25(A05).

[12]陈秀莲.中国—东盟自由贸易区背景下中国国际旅游产业竞争力分析——以泛珠三角为例[J].学术交流,2010(11):119-121.

[13]迟福林.从自由贸易试验区走向自由贸易港[J].中国远洋海运,

2018(11):32-36.

[14]迟福林.加快探索建设海南自由贸易港进程的四点思考[N].中国经济时报,2019-07-08(005).

[15]迟福林.加快中国特色自贸港建设进程 带动形成我国更高层次改革开放新格局[J].今日海南,2019(3):11-13.

[16]迟福林.推动形成更高层次改革开放新格局[N].经济日报,2018-04-28(004).

[17]邓冰,俞曦,吴必虎.旅游产业的集聚及其影响因素初探[J].桂林旅游高等专科学校学报,2004(6):53-57.

[18]丰晓旭,夏杰长.中国全域旅游发展水平评价及其空间特征[J].经济地理,2018(4):183-192.

[19]冯卫红,苗长虹.国内外关于旅游产业集群的研究综述[J].人文地理,2009(1):16-21.

[20]冯宗宪,马玉忠.国外自由贸易园区发展的态势及我国的对策[J].经济纵横,2015(2):113-117.

[21]符峰华,蒙生儒,刘刚.高新技术企业社会联系与创新绩效关系的实证研究——基于资源拼凑和创新[22]搜索强度的中介调节效应[J].预测,2018(4):17-23.

[23]符峰华,尹正江,唐纯武.基于CL-TOPSIS法的我国高技术企业技术创新能力评价研究[J].科学管理研究,2018(03):68-71.

[24]符峰华.联合国号召打造零污染地球[J].生态经济,2018(2):2-5.

[25]符王润.国务院将进口医疗器械审批权下放海南[N].海南日报,2018-04-05(A01).

[26]付琦,孙冉.集群式供应链自组织演进中的竞合关系研究[J].商业研究,2008(7):22-24.

[27]付星星.江苏省产业创新区域比较研究[D].镇江:江苏大学,2009.

[28]付业勤,杨文森,郑向敏.福建省入境旅游区域差异的时空演化与影响因素研究[J].华侨大学学报(哲学社会科学版),2013(4):49-58.

[29]顾振华,沈瑶.区域自由贸易协定带来的影响——基于利益集团视

角的理论与实证[J]. 中国软科学,2017(1):82-92.

[30]关于建设自由贸易港的经验借鉴与实施建议[J]. 国际商务研究,2018(1):5-12,68.

[31]郭兴艳. 香港:全世界最开放的自贸港[J]. 中国中小企业,2013(9):70-71.

[32]海南省统计局. 海南省 2010 年国民经济和社会发展统计公报[M].2011-02.

[33]海南省统计局. 海南省 2019 年国民经济和社会发展统计公报[M].2019-01.

[34]何红霞,李锴,梁磊. 我国国内旅游收入影响因素的实证分析[J]. 现代物业(中旬刊),2010(2):21-23,88.

[35]何建民. 我国旅游产业融合发展的形式、动因、路径、障碍及机制[J]. 旅游学刊,2011(4):8-9.

[36]何学海,基于区位熵理论的贵州省旅游产业集聚度研究[J]. 遵义师范学院学报,2017(1):45-49.

[37]何雁. 以特区的精神与办法加快建设国际旅游岛升级版——专访中国(海南)改革发展研究院院长迟福林[J]. 今日海南,2015(5):7-8.

[38]贺小荣,胡强盛. 湖南省旅游产业集群与区域经济的互动机制[J]. 经济地理,2018(7):209-216.

[39]洪进,高永,杨洋. 创意产业集聚与产业结构优化升级——来自2004—2013 年省际面板数据的实证分析[J]. 中国科技论坛,2017(2):73-79.

[40]胡晨光,程惠芳,陈春根. 产业集聚的集聚动力:一个文献综述[J]. 经济学家,2011(6):93-101.

[41]胡晨光,程惠芳,陈春根. 产业集聚的集聚动力:一个文献综述[J]. 经济学家,2011(6):93-101.

[42]黄骥. 从博鳌亚洲论坛看海南会议旅游[J]. 北京第二外国语学院学报,2002(6):30-34.

[43]黄思华. 自贸港建设内涵及潜在影响刍议[N]. 上海金融报,2018-01-19(A14).

[44]黄永兴,徐鹏.经济地理、新经济地理、产业政策与文化产业集聚:基于省级空间面板模型的分析[J].经济经纬,2011(6):47-51.

[45]黄志勇,李京文.实施自由贸易港战略研究[J].宏观经济管理,2012(5):31-33.

[46]纪玉俊,刘金梦.产业集聚的增长与环境双重效应:分离和混合下的测度[J].人文杂志,2018(4):49-59.

[47]贾大山.探索自由贸易港推动形成全面开放新格局[J].中国远洋海运,2018(3):8,62-63.

[48]建立海南国际旅游岛的框架建议[J].海南金融,2002(4):20-25.

[49]蒋莉,邵海琴,王凯.中国旅游业效率及其影响因素的时空异质性研究[J].旅游研究,2018(5):20-30.

[50]景秀艳.关于旅游产业集聚的思考[J].闽江学院学报,2005(4):60-65.

[51]雷新玉.产业链视角下的西部民族地区旅游业发展研究[J].贵州民族研究,2017(6):189-193.

[52]李波,杨先明.贸易便利化与企业生产率:基于产业集聚的视角[J].世界经济,2018,41(3):54-79.

[53]李丹丹,张倩肖.基于EG指数的我国旅游产业集聚研究[J].理论与改革,2015(1):82-85.

[54]李国凤.产业集聚与区域创新能力耦合协调发展研究[J].统计与决策,2018(8):145-148.

[55]李建萍.世界自由港的比较与启示[J].中国外资,2013(24):16-17.

[56]李金早.以习近平新时代中国特色社会主义思想为指导 奋力迈向我国优质旅游发展新时代——2018年全国旅游工作报告[R].2018-01.

[57]李军,陈志钢.旅游生命周期模型新解释——基于生产投资与需求分析[J].旅游学刊,2014(3):58-72.

[58]李骏,刘洪伟,陈银.产业集聚、技术学习成本与区域经济增长——以中国省际高技术产业为例[J].软科学,2018(4):95-99.

[59]李磊,王雅莉,张明斗.辽宁省旅游产业集聚与扩散效应评价[J].

经济问题探索,2016(8):49-55.

[60]李维维. 城市旅游综合体:概念建构与理论来源[J]. 人文地理,2016(1):124-129.

[61]李瑶亭. 城市旅游产业发展研究[D]. 上海:华东师范大学,2013.

[62]李志鹏. 中国建设自由贸易园区内涵和发展模式探索[J]. 国际贸易,2013(7):4-7.

[63]林文凯,林璧属. 区域旅游产业生态效率评价及其空间差异研究——以江西省为例[J]. 华东经济管理,2018(6):19-25.

[64]林霞,庞佑,俞海滨. 基于多元回归分析的上海市旅游收入影响因素研究[J]. 无锡商业职业技术学院学报,2017(3):53-58.

[65]刘春济,冯学钢,高静. 中国旅游产业结构变迁对旅游经济增长的影响[J]. 旅游学刊,2014(8):37-49.

[66]刘尔思. 关于产业链理论的再探索[J]. 云南财经大学学报,2006(3):66-69.

[67]刘佳 张洪香. 山东省旅游消费增长差异时空演化特征与影响因素[J]. 华东经济管理,2017(5):12-18.

[68]刘佳,宋秋月. 中国旅游产业绿色创新效率的空间网络结构与形成机制[J]. 中国人口·资源与环境,2018(8):127-137.

[69]刘佳,赵金金,张广海. 中国旅游产业集聚与旅游经济增长关系的空间计量分析[J]. 经济地理,2013(4):186-192.

[70]刘琳. 基于产业结构理论的欠发达地区产业结构优化研究[J]. 学术论坛,2016(8):58-62.

[71]刘乃全. 产业聚集理论及其发展[J]. 上海财经大学学报,2002(2):22-28.

[72]刘芹. 论自由贸易理论的演变与发展[J]. 首都经济贸易大学学报,2004(4):54-56.

[73]刘少和,桂拉旦. 区域旅游产业集聚化转型升级发展路径及其动力机制研究[J]. 西藏大学学报(社会科学版),2014(4):172-177,184.

[74]刘少和,梁明珠. 环大珠三角城市群游憩带旅游产业集聚发展路径

模式——以广东山海旅游产业园区建设为例[J].经济地理，2015(6)：190-197.

[75]刘雪英,张方杰.中国商业银行经营多元化的实证研究[J].经济与管理,2005(11):64-69.

[76]刘懿商.云南省旅游产业集聚发展模式研究[J].品牌研究,2018(8):21-22.

[77]刘重.国外自由贸易港的运作与监管模式[J].交通企业管理,2007(3):35-36.

[78]罗霞,张丽华.旅游产业集聚与城镇化效应测度及路径研究[J].湖南社会科学,2017(4):131-137.

[79]麻学锋.旅游产业融合路径分析[J].经济地理,2010(4):678-681.

[80]马慧强,高苹,赵德宇,席建超.旅游目的地网络演化的空间过程及其影响因素研究——以野三坡[81]旅游地为例[J].资源科学,2018(9):1890-1900.

[82]马晓龙,卢春花.旅游产业集聚:概念、动力与实践模式——嵩县白云山案例[J].人文地理,2014(2):138-143.

[83]马晓龙,卢春花.旅游产业集聚:概念、动力与实践模式——嵩县白云山案例[J].人文地理,2014(2):138-143.

[84]马晓龙.城市化与城市旅游发展因果关系的判定及生成机理研究——张家界案例[J].地理与地理信息科学,2014(4):95-101.

[85]马歇尔.经济学原理[M].朱志泰,陈良璧,译.北京:商务印书馆,1997.

[86]迈克·E.波特,郑海燕,罗燕明.簇群与新竞争经济学[J].经济社会体制比较,2000(2):21-31.

[87]迈克尔·波特.国家竞争优势[M].李明轩,邱如美,译.北京:华夏出版社,2002:20-25.

[88]茅锐.企业创新、生产力进步与经济收敛:产业集聚的效果[J].金融研究,2017(8):83-99.

[89]年猛,李爱民.我国自由贸易港建设构想初探——以海南为例[J].

城市,2018(5):58-63.

[90]佩鲁.略论"发展极"的概念[J].应用经济学,1955(8).

[91]彭华.旅游发展驱动机制及动力模型探析[J].旅游学刊,1999(6):39-43.

[92]祁洪玲,刘继生,梅林.国内外旅游地生命周期理论研究进展[J].地理科学,2018(2):264-271.

[93]秦诗立.理性看待自由贸易港创建[J].浙江经济,2018(4):56-57.

[94]饶品样,李树民.旅游产业集群企业共享性资源及其动态演化机制分析[J].旅游科学,2009(3):11-16.

[95]史春云.四川省旅游区域核心边缘空间格局演变[J].地理学报,2007(6):631-639.

[96]史忠良,沈红兵.中国总部经济的形成及其发展研究[J].中国工业经济,2005(5):58-65.

[97]宋志伟,庞世明.要素禀赋、"一带一路"与中国旅游企业战略选择[J].旅游学刊,2017(6):3-5.

[98]孙丽文,杜娟.基于推拉理论的生态产业链形成机制研究[J].科技管理研究,2016(16):219-224.

[99]孙刘伟,李若凝."旅游立省"战略背景下河南旅游产业创新研究[J].河南科学,2009(11):1470-1472.

[100]孙妍.基于产业链投入产出表的邮轮经济产业关联度测算[J].统计与决策,2017(19):5-10.

[101]孙钰霞.基于"农家乐"旅游产业集聚与区域经济增长——以成都龙泉驿区为例[J].安徽农业科学,2007,35(5):1509-1511.

[102]田井泉,吕春成.产业聚集理论与产业国际竞争力[J].理论探索,2005(3):82-83,85.

[103]田昕清.建设自由贸易港浅谈[J].区域经济评论,2018(2):11-13.

[104]万道侠,胡彬.产业集聚、金融发展与企业的"创新惰性"[J].产业经济研究,2018(1):28-38.

[105]汪高元.集群视角下的安徽省旅游产业发展路径分析[J].宿州学

院学报，2018(9):1-5,69.

[106]王欢芳，李密，宾厚. 产业空间集聚水平测度的模型运用与比较[J]. 统计与决策,2018(11):37-42.

[107]王凯，杨亚萍，张淑文，等. 中国旅游产业集聚与碳排放空间关联性[J]. 资源科学,2019(2):362-371.

[108]王凯，易静，肖燕，等. 中国旅游产业集聚与产业效率的关系研究[J]. 人文地理，2016(2):120-127.

[109]王凯，易静. 区域旅游产业集聚与绩效关系研究——基于中国31个省区的实证[J]. 地理科学进展，2013(3):465-474.

[110]王丽铭. 旅游产业集聚区发展的动力机制研究[D]. 北京:北京交通大学，2011.

[111]王胜，康拜英，韩佳. 香港自由贸易港发展浅析与借鉴意义[J]. 今日海南，2018(5):25-29.

[112]王晓芳，谢贤君. 经济增长与产业集聚双重视角下区域一体化的就业效应研究——基于长江经济带的实证研究[J]. 经济问题探索，2018(6):84-90.

[113] 王晓辉. 国外自由贸易区发展经验及对我国的启示[J]. 价格月刊，2017(2):86-89.

[114]王耀斌，蒋金萍，孙传玲.基于灰色关联分析的甘肃省旅游收入影响因素研究[J].资源开发与市场,2015(7):868-871.

[115]王占祥.我国国内旅游收入的影响因素分析[J].商场现代化,2008(36):239.

[116]王兆峰. 旅游产业集群识别方法分析[J]. 华中科技大学学报(社会科学版)，2009(1):82-86.

[117]王祖正.旅游系统的空间分层拓扑结构研究[J].人文地理,2007(5):84-87.

[118]魏敏. 中国旅游产业区域集聚的动力机制研究[J]. 人民论坛·学术前沿，2019(11):89-101.

[119]邬雪，张红. 高铁对旅游产业集聚和扩散的影响——以京津冀为例

[J]. 资源开发与市场,2019(7):986-992.

[120]吴江,贾元华,于帅,等. 交通基础设施建设对产业集聚的影响分析——以旅游产业为例[J]. 北京交通大学学报(社会科学版),2019(2):52-60.

[121]习近平. 在庆祝海南建省办经济特区30周年大会上的讲话[R]. 2018-04-13.

[122]鲜一,程林林. 体育特色小镇业态选择——基于产业集聚与区位理论视角[J]. 体育与科学,2018(3):60-68.

[123]肖宏,杨春宇,宋富娟. 文化旅游概念与模式研究现状分析[J]. 旅游纵览(下半月),2013(9):60-61.

[124]谢泗薪,侯蒙. 经济新常态下科技服务业的产业集聚结构模式与立体攻略[J]. 科技管理研究,2017(2):171-175.

[125]谢燕娜,朱连奇,杨迅周,等. 河南省旅游产业集聚区发展模式创新研究[J]. 经济地理,2013(11):175-180.

[126]许斐. 我国区域旅游业的经济效益评价[D]. 长沙:中南大学,2003.

[127]亚当·斯密. 国民财富的性质和原因的研究[M]. 郭大力,王亚南,译. 北京:商务印书馆,1981.

[128]闫彦明. 中国商业银行业多元化经营绩效分析[J]. 上海经济研究,2005(10):29-38.

[129]严含,葛伟民. "产业集群":产业集群理论的进阶[J]. 上海经济研究,2017(5):34-43.

[130]阎友兵. 旅游地生命周期理论辨析[J]. 旅游学刊,2001(6):31-33.

[131]颜文华. 休闲农业旅游产品开发模式创新研究[J]. 中国农业资源与区划,2015(7):123-128.

[132]杨利,石彩霞,钟佩君. 湖南省旅游产业空间集聚与区域经济发展关系研究[J]. 经济论坛,2018(9):75-81.

[133]杨强. 体育旅游产业融合发展的动力与路径机制[J]. 体育学刊,2016(4):55-62.

[134]杨庆辉.郑武高铁对城市旅游产业集聚效应影响的研究[J].中国商论,2016(28):142-143.

[135]杨潇.创新引领 推动形成全面开放新格局[J].红旗文稿,2018(11).

[136]杨艳.旅游产业集聚化水平与全要素生产率增长:来自中国经验的实证[J].商业经济研究,2019(6):173-176.

[137]姚松伯,刘颖.体育产业集聚对区域经济增长影响的实证分析——基于静态和动态面板数据模型[J].体育科学,2017(11):21-29.

[138]尹贻梅.旅游产业集群存在的条件及效应探讨[J].地理与地理信息科学,2006(22):101-104.

[139]尹正江,陈扬乐,刘静文,等.旅游企业标准化建设效果评价指标体系的构建与应用[J].海南大学学报(人文社会科学版),2019(5):75-84.

[140]余南平.中国自由贸易港建设:定位与路径[J].探索与争鸣,2018(3):37-45,109.

[141]袁尧清,任佩瑜.产业融合域的旅游产业结构升级机制与路径[J].山东社会科学,2016(1):119-123.

[142]约瑟夫·熊彼特.经济发展理论[M].何畏,易家详,译.北京:商务印书馆,1912.

[143]曾琪洁.文化创意旅游需求及其差异性分析——以上海世博会为例[J].旅游学刊,2012(5):103-111.

[144]张立生.旅游地生命周期理论研究进展[J].地理与地理信息科学,2015(4):111-115.

[145]张倪.改革开放再出发:海南探路自由贸易港建设——访国务院发展研究中心对外经济研究部原部长、研究员赵晋平[J].中国发展观察,2018(9):22-25.

[146]张清河.核心边缘理论在南岳山区域旅游产品开发中的运用[J].地域研究与开发,2005(3):67-71.

[147]张万里,魏玮.要素密集度、产业集聚与生产率提升——来自中国企业微观数据的经验研究[J].财贸研究,2018(7):28-41.

[148]张鑫. 学习型国防科技工业创新系统研究[D]. 秦皇岛:燕山大学,2009.

[149]张艳秋.甘肃省旅游收入的影响因素分析[J].经济研究导刊,2019(23)：102-103,121.

[150]张英. 民族地区旅游就业效应研究——以湖南凤凰县为例[J]. 湖南社会科学,2012(3):125-128.

[151]赵珊. 智慧旅游:给旅游业带来什么[N]. 人民日报(海外版),2012-03-17(007).

[152]赵晓雷. 自贸港是比自贸试验区开放水平更高的功能区[J]. 中国外汇,2017(24):35-36.

[153]郑芳,侯迎.海南省旅游业集聚的影响因素探讨[J].特区经济,2012(7):162-164.

[154]郑钧. 旅游产业集聚效应初探[J]. 内蒙古科技与经济,2017(20):8-9,11.

[155]钟林生,马向远,曾瑜皙. 中国生态旅游研究进展与展望[J]. 地理科学进展,2016(6):679-690.

[156]周杰文,蒋正云,李凤. 我国旅游产业集聚对绿色经济效率的影响——基于省级面板数据的实证研究[J]. 生态经济,2019(3):122-128.

[157]周杰文,蒋正云,赵月. 生态文明视角下旅游产业集聚对环境污染的影响——以西部地区为例[J]. 生态经济,2019(4):132-139.

[158]周强,薛海燕,马效. 旅游产业发展影响因素的区域差异研究——基于中国省际面板数据的分析[J]. 城市发展研究,2018(1):12-17.

[159]周铁山. 产业结构理论[J]. 中共中央党校学报,1988(5):25-28.

[160]周震虹,王晓国,谌立平. 西方产业结构理论及其在我国的发展[J]. 湖南师范大学社会科学学报,2004(4):96-100.

[161]朱晓辉,符继红. 现代治理体系下旅游管理体制改革的创新研究[J]. 管理世界,2015(3):176-177.

[162]朱永文. 平行数据模型下旅游产业聚集和经济流通关联探究[J]. 商业经济研究,2018(15):182-184.

[163]邹泉,张苏兰,陈祖龙.湖南省旅游产业集群竞争力水平研究[J].四川旅游学院学报,2018(6):83-88.

[164]Von THANEN(1826)HALL P. Von Thanen's isolated state[M]. Oxford:Pergamon Press,1966.

[165]WEINSTEIN O. How to understand the commons:Elinor Ostrom, ownership and the new institutional economics comment comprendre les[M]. Post-Print,2013.

[166]MARSHALL A. Principles of economics:an introductory volume[M]. 8th ed. Carmel:Liberty Fund,Inc,2010.

[167]WEBER A. The theory of the location of industries[M]. Chicago:Chicago University Press,1929:50-92.

[168]HANSEN N. Do producer services include regional economic development? [J].Journal of regional science,1990(4):23-29.

[169]IGOR A. Strategies for diversification[J]. Harvard business review,1957(5):113-124.

[170]ASHWORTH G J ,TUNBRIDGE J E. The tourist-historic city:London[M]. London:Belhaven Press,2013.

[171]BAUMOL W J. Macroeconomics of unbalanced growth:the anatomy of urban crisis [J]. American economic review, 1967, 57(3):415-426.

[172]BERGMAN E M, FESER E J. Industrial and regional clusters[J]. Concepts and comparative applications,2001(26):115-136.

[173]BOST F. Are economic free zones good for development? [J]. West African challenges, 2011(4):18-35.

[174]Alfred Ch. Strategy and structure[M]. Cambridge:MIT Press,1962.

[175]CHRISTENSEN H, MONTGOMERY C. Corporate economic performance:diversification strategy versus market structure[J]. Strategic management journal,1981(4):327-343.

[176]RICARDO D. On the principles of political economy,and taxation [M]. Cambridge：Cambridge Univevsity Press，2015.

[177]SARRIÓN-GAVILÁNA D. Spatial distribution of tourism supply in Andalusia[J]. Tourism management perspectives,2015(15)：29-45.

[178]FESER E J, Bergman E M. National industry cluster templates：a framework for applied regional cluster analysis[J]. Regional studies，2000，34(1)：1-19.

[179]ELLISOR G, GLAESER E L. Geographic concentration in U. S. manufacturing industries：a dartboard approach[J]. Journal of political Economy，1994，105(105)：889-927.

[180]ELSAS R, HACHETHAL A, HOLZHAUSER M. The anatomy of bank diversification [J]. Journal of banking and finance，2010(6)：1274-1287.

[181]European Commission. Green paper on the convergence of the telecommunications, media and information technology sectors, and the implications for regulation towards an information society approach[R]. Brussels：European Commission,1997.

[182]FLOWERS J, EASTERLING K. Growing South Carolina's tourism cluster[J]. Business and economic review,2006,52(3)：15-20.

[183]GARDINER S, SCOTT N. Successful tourism clusters：passion in paradise[J]. Annals of tourism research,2014(46)：171-173.

[184]MICHAEL G. Diversification and integration in American industry [M]. Princeton：Princeton University Press，1962.

[185]GUNN C. Vacation scapes：designing tourist regions[M]. New York：Van Nostrand Reinhold,1988.

[186]GUNN C A. Tourism planning [M]. New York：Taylor & Francis,1998.

[187]VISSER G, ROGERSON CH M. The cluster consortium. The South African tourism cluster[P]. The cluster consortium strategy in action

report,1999.

[188]HJALAGER A. Stages in the economic globalization of tourism [J]. Annals of tourism research,2007,34(2):199-213.

[189]HOOVER M. Some old and new issues in regional development [M]. London:Macmillan,1969.

[190]HOWELLS J, SCOTT A J, STORPER M, et al. Production, work, territory: a geographical anatomy of industrial capitalism [J]. Transactions of the institute of british geographers, 1987, 12(1):124.

[191]ISARD W. Location and space economy:a general theory relating to industrial location,market areas,land use,trade,and urban structure [M]. Cambridge:The MIT Press,1956.

[192]JACKSON J , MURPHY P . Clusters in regional tourism: an Australian case[J]. Annals of tourism research,2006, 33(4):1018-1035.

[193]JULIE J, MURPHY P. Clusters in regional tourism an Australian case[J]. Annals of tourism research, 2006,33(4):1018-1035.

[194]Julie J. Developing regional tourism in China: the potential for activating business clusters in a socialist market economy [J]. Tourism management, 2005,27(4).

[195]LIU J J, NIJKAMP P, Derong D R. Urban-rural imbalance and tourism-led growth in China[J]. Annals of tourism research, 2017(64): 24-36.

[196] Esteban J M. The global practitioners network for competitiveness, clusters and innovation[R]. Addis Ababa:The Competitiveness Institute, 2008-04-14.

[197]KARLIS T, POLEMIS D. Cruise home port competition in the Mediterranean[J]. Tourism management,2018(68):168-176.

[198]KIM J, JUNG I. Evaluation of the Gini Coefficient in spatial scan statistics for detecting irregularly shaped clusters[J]. Plos one, 2017, 12 (1):e0170736.

[199]KRUGMAN P. Increasing returns and economic geography [J].

Journal of political economy,1991(99):483-499.

[200]LAW C M. Urban tourism[M]. London:Continuum,2002.

[201]LEIPER N. Tourist attraction systems[J]. Annals of tourism research,1990,17(3):367-384.

[202]ANDRADES L, Dimanche F. Destination competitiveness and tourism development in Russia: issues and challenges [J]. Tourism management, 2017(62):360-376.

[203]Novelli M. Networks, clusters and innovation in tourism: a UK experience[J]. Tourism management,2006(27):1141-1152.

[204]Jesse M. Conglomerate enterprise and economic performance[M]. Cambridge: Harvard University Press, 1973.

[205]JI M J, M M, KING B. The impacts of China's new free-trade zones on Hong Kong tourism [J]. Journal of destination marketing & management, 2015,4(4):203-205.

[206]MUZWARD A. Special economic zone policy through FTZ (free trade zone): BBK case analysis[J]. Jurisma jurnal riset bisnis & manajemen, 2016,6(1).

[207] NANHOVE N. Tourism policy between competitiveness and sustainability: the case of Bruges[J]. Tourism review,2002,57(3):36.

[208] CARRUTHERS N. Central place theory and the problem of aggregating individual location choices [J]. Journal of regional science,2006, 21(2):243-261.

[209]PORTER M E. Competitive advantage: creating and sustaining superior performance[M]. New York:Simon and Schuster,2008.

[210]PORTER M E. Clusters and the new economics of completion[J]. Harvard business review,2018(11-12):1-9.

[211]PORTER M E. The competitive advantage of nations[M]. New York:Free Press,1990.

[212]PRISKIN J. Tourist perceptions of degradation caused by coastal

nature-based recreation [J]. Environmental management, 2003, 32 (2): 189-204.

[213]ROMEU R. The vacation is over: implications for the Caribbean of opening U. S. —Cuba tourism[J]. Economia, 2014(1): 1-27.

[214]RAMANUJAM V, VARADARAJAN P. Research on corporate diversification: a synthesis [J]. Strategic management journal, 1989 (6): 523-551.

[215] RUMELT R. Diversification strategy and profitability [J]. Strategic management journal, 1982(4): 359-369.

[215]RUMELT R. Strategy, structure and economic performance [M]. Cambridge: Harvard University Press, 1974.

[217]SAVOVA-STOYNOV B, STOYNOV Z B. An evaluation of the industrial concentration of tourist industry from the perspective of location entropy: based on the case of Shenyang City[J]. Journal of Liaoning university, 2013, 56(1):16-22.

[218]SINGA M. How is the hospitality and tourism industry different? An empirical test of some structural characteristics[J]. International journal of hospitality management, 2015(47):116-119.

[219] FRANCO S. MURCIEGO A, WILSON J. Methodology and findings report for correlation analysis between cluster strength and competitiveness indicators [R]. Europe: Center for Strategy and Competitiveness Stockholm School of Economics,2014.

[220]PABMORE T, GIBSON H. Modeling systems of the innovation: a framework for industrial cluster analysis in region[J]. Research policy, 1998(26) : 625-641.

[221]WAN Zh, ZHANG Y, WANG X F, et al. Policy and politics behind Shanghai's Free Trade Zone Program [J]. Journal of transport geography,2014(34):1-6.

附　录

附录 A：基于旅游业总收入、A 级景区营业收入、星级酒店营业收入计算
2013—2019 年各省区市旅游产业区位熵的数据表。

（1）基于旅游业总收入计算 2013 年各省区市旅游产业区位熵的数据表

单位：亿元

省区市	旅游产业收入（q_{ij}）	地区生产总值（q_j）	省区市	旅游产业收入（q_{ij}）	地区生产总值
广东	8305.00	62163.97	宁夏	126.55	2565.06
江苏	7195.00	59161.75	西藏	165.00	807.67
浙江	5536.00	37568.49	湖南	2630.92	24501.67
山东	5183.90	54684.33	河南	3875.50	32155.86
四川	3877.40	26260.77	湖北	3206.00	24668.49
贵州	2370.00	8006.79	新疆	710.00	8360.24
云南	2111.20	11720.91	青海	158.54	2101.05
安徽	3010.40	19038.87	广西	2057.14	14378.00
河北	2000.00	28301.41	北京	3963.20	19500.56
山西	2305.44	12602.24	黑龙江	1384.00	14382.93
福建	2286.47	21759 64	吉林	1477.08	12981.46
陕西	2135.00	16045.21	辽宁	4432.80	27077.65
上海	2968.00	21602.12	内蒙古	1403.00	16832.38
天津	2162.00	14370.16	甘肃	620.00	6268.01
重庆	1771.02	12656.69	江西	1908.49	14338.50
海南	428.00	3146.46			
31 省区市合计	旅游产业收入（q_i）	81763.05	地区生产总值（q）	630009.34	

（2）基于旅游业总收入计算2014年各省区市旅游产业区位熵的数据表

单位:亿元

省区市	旅游产业收入（q_{ij}）	地区生产总值（qj）	省区市	旅游产业收入（q_{ij}）	地区生产总值（qj）
广东	9227.00	67809.85	宁夏	142.69	2752.10
江苏	8145.50	65088.32	西藏	204.00	920.83
浙江	6300.00	40173.03	湖南	3050.70	27037.32
山东	5183.90	59426.59	河南	4366.20	34938.24
四川	4891.00	28536.66	湖北	3752.00	27379.22
贵州	2880.00	9266.39	新疆	650.07	9273.46
云南	2650.00	12814.59	青海	201.90	2303.32
安徽	3430.00	20848.75	广西	2602.00	15672.89
河北	2561.49	29421.15	北京	4280.10	21330.83
山西	2846.51	12761.49	黑龙江	786.90	15039.38
福建	2707.00	24055.76	吉林	1846.79	13803.14
陕西	2521.40	17689.94	辽宁	5289.50	28626.58
上海	3350.00	23567.70	内蒙古	1403.46	17770.19
天津	2508.00	15726.93	甘肃	780.00	6836.82
重庆	2003.30	14262.60	江西	2650.00	15714.63
海南	485.00	3500.72			
31省区市合计	旅游产业收入（q_i）	93696.41	地区生产总值（q）		684349.42

（3）基于旅游业总收入计算2015年各省区市旅游产业区位熵的数据表

单位:亿元

省区市	旅游产业收入（q_{ij}）	地区生产总值（q_j）	省区市	旅游产业收入（q_{ij}）	地区生产总值（q_j）
广东	10365.00	72813.55	宁夏	161.00	2911.77
江苏	9050.10	70116.38	西藏	280.00	1026.39
浙江	7139.14	42886.49	湖南	3712.91	28902.21
山东	7062.50	63002.33	河南	5035.00	37002.16

省区市	旅游产业收入（q_{ij}）	地区生产总值（q_j）	省区市	旅游产业收入（q_{ij}）	地区生产总值（q_j）
四川	6210.52	30053.10	湖北	4314.70	29550.19
贵州	3500.00	10502.56	新疆	1022.00	9324.80
云南	3281.79	13619.17	青海	248.03	2417.05
安徽	4120.00	22005.63	广西	3252.00	16803.12
河北	3433.97	29806.11	北京	4616.00	23014.59
山西	3447.50	12766.49	黑龙江	1361.43	15083.67
福建	3150.00	25979.82	吉林	2315.00	14063.13
陕西	3006.00	18021.86	辽宁	3825.00	28669.02
上海	3500.00	25123.45	内蒙古	2257.10	17831.51
天津	2794.25	16538.19	甘肃	975.42	7690.32
重庆	2250.00	15717.27	江西	3630.00	16723.78
海南	572.49	3702.76			
31省区市合计	旅游产业收入（q_i）	109888.85		地区生产总值（q）	723668.87

(4)基于旅游业总收入计算 2016 年各省区市的旅游产业区位熵的数据表

单位:亿元

省区市	旅游产业收入（q_{ij}）	地区生产总值（q_j）	省区市	旅游产业收入（q_{ij}）	地区生产总值（q_j）
广东	11560	80854.91	宁夏	205	3168.59
江苏	10263	77388.28	西藏	331	1151.41
浙江	8093	47251.36	湖南	4707	31551.37
山东	8031	68024.49	河南	5764	40471.79
四川	7706	32934.54	湖北	4870	32665.38
贵州	5027	11776.73	新疆	1401	9649.70
云南	4726	14788.42	青海	310	2572.49
安徽	4923	24407.62	广西	4191	18317.64
河北	4655	32070.45	北京	5021	25669.13

续　表

省区市	旅游产业收入（q_{ij}）	地区生产总值（q_j）	省区市	旅游产业收入（q_{ij}）	地区生产总值（q_j）
山西	4247	13050.41	黑龙江	1603	15386.09
福建	3935	28810.58	吉林	2897	14776.80
陕西	3813	19399.59	辽宁	4225	22246.90
上海	3820	28178.65	内蒙古	2715	18128.10
天津	3100	17885.39	甘肃	1220	7200.37
重庆	2645	17740.59	江西	4993	18499.00
海南	670	4053.20			
31省区市合计	旅游产业收入（q_i）	131667	地区生产总值（q）		780069.97

（5）基于旅游业总收入计算2017年各省区市的旅游产业区位熵的数据表

单位：亿元

省区市	旅游产业收入（q_{ij}）	地区生产总值（q_j）	省区市	旅游产业收入（q_{ij}）	地区生产总值（q_j）
广东	11993.00	89705.23	宁夏	278.00	3443.56
江苏	11600.00	85869.76	西藏	379.37	1310.92
浙江	9322.67	51768.26	湖南	7172.60	33902.96
山东	9200.00	72634.15	河南	6751.00	44552.83
四川	8923.06	36980.22	湖北	5514.00	35478.09
贵州	7100.00	13540.83	新疆	1822.00	10881.96
云南	6922.00	16376.34	青海	381.53	2624.83
安徽	6197.00	27018.00	广西	5580.00	18523.26
河北	6000.00	34016.32	北京	5469.00	28014.94
山西	5360.21	15528.42	黑龙江	1909.00	15902.68
福建	5083.10	32182.09	吉林	3507.00	14944.53
陕西	4813.59	21898.81	辽宁	4740.80	23409.24
上海	4485.00	30632.99	内蒙古	3340.00	16096.21
天津	3545.44	18549.19	甘肃	1578.70	7459.90

省区市	旅游产业收入 (q_{ij})	地区生产总值 (q_j)	省区市	旅游产业收入 (q_{ij})	地区生产总值 (q_j)
重庆	3308.04	19424.73	江西	6435.00	20006.31
海南	811.99	4462.54			
31省区市合计	旅游产业收入 (q_i)	159523.10		地区生产总值(q)	847140.10

(6)基于旅游业总收入计算2018年各省区市的旅游产业区位熵的数据表

单位:亿元

省区市	旅游产业收入 (q_{ij})	地区生产总值 (q_j)	省区市	旅游产业收入 (q_{ij})	地区生产总值 (q_j)
广东	13600.00	97277.77	宁夏	295.67	3705.18
江苏	13247.30	92595.40	西藏	490.00	1477.63
浙江	10006.00	56197.00	湖南	8356.00	36425.78
山东	10461.20	76469.70	河南	8120.00	48055.90
四川	10112.00	40678.10	湖北	6344.33	39366.60
贵州	9471.00	14806.45	新疆	2579.71	12199.08
云南	8991.00	17881.10	青海	458.00	2865.23
安徽	7241.00	30006.80	广西	7620.00	20352.51
河北	6141.00	36010.30	北京	5921.00	30320.00
山西	6729.00	16818.11	黑龙江	2253.00	16361.60
福建	6635.00	35804.04	吉林	4213.00	15074.62
陕西	5995.00	24438.30	辽宁	5357.00	25315.40
上海	5092.32	32679.87	内蒙古	4011.00	17289.20
天津	3918.59	18809.64	甘肃	2000.00	8246.10
重庆	4344.00	20362.20	江西	8145.00	21984.80
海南	950.00	4832.05			
31省区市合计	旅游产业收入 (q_i)	189098.12		地区生产总值(q)	985333.35

（7）基于旅游业总收入计算 2019 年各省区市的旅游产业区位熵的数据表

单位：亿元

省区市	旅游产业收入 (q_{ij})	地区生产总值 (q_j)	省区市	旅游产业收入 (q_{ij})	地区生产总值 (q_j)
广东	15135.00	107671.07	宁夏	340.03	3748.48
江苏	14321.60	99631.50	西藏	559.28	1697.82
浙江	10911.00	62352.00	湖南	9762.30	39752.10
山东	11087.30	71067.50	河南	9901.86	54259.20
四川	11594.30	46615.80	湖北	659.73	45828.31
贵州	12407.01	16769.34	新疆	3632.58	13597.11
云南	11035.20	23223.75	青海	561.33	2965.95
安徽	8525.60	37114.00	广西	10241.44	21237.14
河北	9313.40	35104.50	北京	6224.60	35371.30
山西	8026.90	17026.68	黑龙江	2683.80	13612.70
福建	8101.21	42395.00	吉林	4920.38	11726.82
陕西	7211.21	25793.17	辽宁	6222.80	24909.50
上海	5733.73	38155.32	内蒙古	4651.50	17212.50
天津	4232.08	14104.28	甘肃	2680.13	8718.30
重庆	5734.00	23605.77	江西	9657.60	24757.50
海南	1057.80	5308.94			
31 省区市合计	旅游产业收入 (q_i)	217126.70		地区生产总值 (q)	985333.35

（8）基于 A 级景区营业收入计算 2013 年各省区市旅游产业区位熵的数据表

单位：亿元

省区市	A 级景区营业收入 (q_{ij})	地区生产总值 (q_j)	省区市	A 级景区营业收入 (q_{ij})	地区生产总值 (q_j)
广东	169.80	62163.97	宁夏	11.17	2565.06
江苏	275.86	59161.75	西藏	6.11	807.67
浙江	219.56	37568.49	湖南	131.49	24501.67
山东	206.56	54684.33	河南	104.31	32155.86

省区市	A级景区营业收入（q_{ij}）	地区生产总值（q_j）	省区市	A级景区营业收入（q_{ij}）	地区生产总值（q_j）
四川	164.90	26260.77	湖北	108.49	24668.49
贵州	38.70	8006.79	新疆	14.64	8360.24
云南	85.24	11720.91	青海	19.62	2101.05
安徽	192.84	19038.87	广西	60.95	14378.00
河北	75.38	28301.41	北京	95.50	19500.56
山西	57.87	12602.24	黑龙江	30.15	14382.93
福建	54.74	21759.64	吉林	101.05	12981.46
陕西	89.39	16045.21	辽宁	66.19	27077.65
上海	45.14	21602.12	内蒙古	51.03	16832.38
天津	22.01	14370.16	甘肃	37.22	6268.01
重庆	59.10	12656.69	江西	332.43	14338.50
海南	27.26	3146.46			
31省区市合计	A级景区营业收入（q_i）	2989.11	地区生产总值（q）	630009.34	

(9)基于 A 级景区营业收入计算 2014 年各省区市旅游产业区位熵的数据表

单位:亿元

省区市	A级景区营业收入（q_{ij}）	地区生产总值（q_j）	省区市	A级景区营业收入（q_{ij}）	地区生产总值（q_j）
广东	162	67809.85	宁夏	9	2752.10
江苏	204	65088.32	西藏	3	920.83
浙江	206	40173.03	湖南	169	27037.32
山东	255	59426.59	河南	98	34938.24
四川	294	28536.66	湖北	111	27379.22
贵州	85	9266.39	新疆	29	9273.46
云南	63	12814.59	青海	27	2303.32
安徽	203	20848.75	广西	38	15672.89
河北	68	29421.15	北京	61	21330.83

续　表

省区市	A级景区营业收入(q_{ij})	地区生产总值(q_j)	省区市	A级景区营业收入(q_{ij})	地区生产总值(q_j)
山西	105	12761.49	黑龙江	43	15039.38
福建	74	24055.76	吉林	24	13803.14
陕西	62	17689.94	辽宁	104	28626.58
上海	33	23567.70	内蒙古	20	17770.19
天津	16	15726.93	甘肃	36	6836.82
重庆	49	14262.60	江西	485	15714.63
海南	23	3500.72			
31省区市合计	A级景区营业收入(q_i)	3159	地区生产总值(q)	684349.42	

(10)基于A级景区营业收入计算2015年各省区市旅游产业区位熵的数据表

单位:亿元

省区市	A级景区营业收入(q_{ij})	地区生产总值(q_j)	省区市	A级景区营业收入(q_{ij})	地区生产总值(q_j)
广东	137.14	72813.55	宁夏	10.40	2911.77
江苏	212.92	70116.38	西藏	0.03	1026.39
浙江	178.56	42886.49	湖南	213.25	28902.21
山东	226.36	63002.33	河南	82.91	37002.16
四川	367.66	30053.10	湖北	143.12	29550.19
贵州	121.24	10502.56	新疆	48.67	9324.80
云南	82.63	13619.17	青海	29.75	2417.05
安徽	233.33	22005.63	广西	52.88	16803.12
河北	84.18	29806.11	北京	50.56	23014.59
山西	96.88	12766.49	黑龙江	48.75	15083.67
福建	60.12	25979.82	吉林	28.67	14063.13
陕西	82.29	18021.86	辽宁	97.83	28669.02
上海	31.47	25123.45	内蒙古	31.77	17831.51
天津	16.74	16538.19	甘肃	54.18	7690.32

省区市	A级景区营业收入(q_{ij})	地区生产总值(q_j)	省区市	A级景区营业收入(q_{ij})	地区生产总值(q_j)
重庆	91.31	15717.27	江西	537.09	16723.78
海南	26.38	3702.76			
31省区市合计	A级景区营业收入(q_i)	3479.08	地区生产总值(q)		723668.87

(11)基于 A 级景区营业收入计算 2016 年各省区市旅游产业区位熵的数据表

单位:亿元

省区市	A级景区营业收入(q_{ij})	地区生产总值(q_j)	省区市	A级景区营业收入(q_{ij})	地区生产总值(q_j)
广东	146.23	80854.91	宁夏	10.42	3168.59
江苏	202.64	77388.28	西藏	4.32	1151.41
浙江	209.80	47251.36	湖南	231.95	31551.37
山东	234.04	68024.49	河南	101.06	40471.79
四川	407.13	32934.54	湖北	185.44	32665.38
贵州	245.56	11776.73	新疆	43.73	9649.70
云南	85.08	14788.42	青海	38.27	2572.49
安徽	254.81	24407.62	广西	56.41	18317.64
河北	86.98	32070.45	北京	50.33	25669.13
山西	105.38	13050.41	黑龙江	51.42	15386.09
福建	41.64	28810.58	吉林	34.49	14776.80
陕西	111.74	19399.59	辽宁	89.69	22246.90
上海	35.35	28178.65	内蒙古	39.40	18128.10
天津	18.40	17885.39	甘肃	56.33	7200.37
重庆	111.13	17740.59	江西	538.58	18499.00
海南	30.45	4053.20			
31省区市合计	A级景区营业收入(q_i)	3858.20	地区生产总值(q)		780069.97

(12)基于 A 级景区营业收入计算 2017 年各省区市旅游产业区位熵的数据表

单位:亿元

省区市	A级景区营业收入(q_{ij})	地区生产总值(q_j)	省区市	A级景区营业收入(q_{ij})	地区生产总值(q_j)
广东	155.39	89705.23	宁夏	11.92	3443.56
江苏	223.97	85869.76	西藏	2.04	1310.92
浙江	221.34	51768.26	湖南	267.75	33902.96
山东	263.86	72634.15	河南	110.09	44552.83
四川	475.99	36980.22	湖北	194.12	35478.09
贵州	309.18	13540.83	新疆	54.16	10881.96
云南	69.02	16376.34	青海	41.57	2624.83
安徽	277.72	27018.00	广西	68.33	18523.26
河北	82.91	34016.32	北京	53.13	28014.94
山西	105.43	15528.42	黑龙江	49.05	15902.68
福建	95.53	32182.09	吉林	37.29	14944.53
陕西	143.32	21898.81	辽宁	100.29	23409.24
上海	52.97	30632.99	内蒙古	43.5	16096.21
天津	21.45	18549.19	甘肃	73.8	7459.90
重庆	111.10	19424.73	江西	588.46	20006.31
海南	35.15	4462.54			
31省区市合计	A级景区营业收入(q_i)	4339.83	地区生产总值(q)	847140.10	

(13)基于 A 级景区营业收入计算 2018 年各省区市旅游产业区位熵的数据表

单位:亿元

省区市	A级景区营业收入(q_{ij})	地区生产总值(q_j)	省区市	A级景区营业收入(q_{ij})	地区生产总值(q_j)
广东	161.60	97277.77	宁夏	11.64	3705.18
江苏	230.78	92595.40	西藏	5.63	1477.63
浙江	218.49	56197.00	湖南	290.98	36425.78
山东	270.69	76469.70	河南	116.01	48055.90

省区市	A级景区营业收入(q_{ij})	地区生产总值(q_j)	省区市	A级景区营业收入(q_{ij})	地区生产总值(q_j)
四川	575.29	40678.10	湖北	238.06	39366.60
贵州	301.78	14806.45	新疆	81.76	12199.08
云南	75.42	17881.10	青海	34.60	2865.23
安徽	284.39	30006.80	广西	80.72	20352.51
河北	95.58	36010.30	北京	54.19	30320.00
山西	135.33	16818.11	黑龙江	53.55	16361.60
福建	125.03	35804.04	吉林	38.18	15074.62
陕西	164.77	24438.30	辽宁	102.42	25315.40
上海	37.80	32679.87	内蒙古	40.69	17289.20
天津	19.44	18809.64	甘肃	73.55	8246.10
重庆	123.35	20362.20	江西	628.91	21984.80
海南	37.00	4832.05			
31省区市合计	A级景区营业收入(q_i)	4707.63		地区生产总值(q)	985333.35

(14)基于星级酒店营业收入计算2013年各省区市旅游产业区位熵的数据表

单位:亿元

省区市	星级酒店营业收入(q_{ij})	地区生产总值(q_j)	省区市	星级酒店营业收入(q_{ij})	地区生产总值(q_j)
广东	244.11	62163.97	宁夏	10.63	2565.06
江苏	175.28	59161.75	西藏	6.06	807.67
浙江	207.63	37568.49	湖南	69.32	24501.67
山东	135.89	54684.33	河南	43.44	32155.86
四川	84.48	26260.77	湖北	48.54	24668.49
贵州	24.70	8006.79	新疆	45.01	8360.24
云南	65.24	11720.91	青海	8.54	2101.05
安徽	53.57	19038.87	广西	42.08	14378.00
河北	67.54	28301.41	北京	276.58	19500.56

续　表

省区市	星级酒店营业收入（q_{ij}）	地区生产总值（q_j）	省区市	星级酒店营业收入（q_{ij}）	地区生产总值（q_j）
山西	44.54	12602.24	黑龙江	21.94	14382.93
福建	97.30	21759.64	吉林	24.66	12981.46
陕西	48.82	16045.21	辽宁	76.46	27077.65
上海	166.91	21602.12	内蒙古	29.55	16832.38
天津	26.57	14370.16	甘肃	24.94	6268.01
重庆	42.10	12656.69	江西	34.28	14338.50
海南	46.13	3146.46			
31省区市合计	星级酒店营业收入（q_i）	2292.84		地区生产总值（q）	630009.34

(15)基于星级酒店营业收入计算2014年各省区市旅游产业区位熵的数据表

单位：亿元

省区市	星级酒店营业收入（q_{ij}）	地区生产总值（q_j）	省区市	星级酒店营业收入（q_{ij}）	地区生产总值（q_j）
广东	230.88	67809.85	宁夏	7.88	2752.10
江苏	163.82	65088.32	西藏	6.62	920.83
浙江	220.25	40173.03	湖南	76.27	27037.32
山东	124.15	59426.59	河南	35.05	34938.24
四川	66.85	28536.66	湖北	49.74	27379.22
贵州	24.11	9266.39	新疆	36.36	9273.46
云南	43.69	12814.59	青海	8.75	2303.32
安徽	51.41	20848.75	广西	38.40	15672.89
河北	55.79	29421.15	北京	260.83	21330.83
山西	33.73	12761.49	黑龙江	18.81	15039.38
福建	90.57	24055.76	吉林	18.30	13803.14
陕西	43.80	17689.94	辽宁	59.68	28626.58
上海	189.20	23567.70	内蒙古	26.46	17770.19
天津	26.13	15726.93	甘肃	23.13	6836.82

省区市	星级酒店营业收入(q_{ij})	地区生产总值（q_j）	省区市	星级酒店营业收入(q_{ij})	地区生产总值（q_j）
重庆	44.94	14262.60	江西	33.49	15714.63
海南	42.21	3500.72			
31省区市合计	星级酒店营业收入（q_i）	2151.44		地区生产总值（q）	684349.42

(16)基于星级酒店营业收入计算2015年大陆各省区市旅游产业区位熵的数据表

单位：亿元

省区市	星级酒店营业收入(q_{ij})	地区生产总值（q_j）	省区市	星级酒店营业收入(q_{ij})	地区生产总值（q_j）
广东	211.28	72813.55	宁夏	40.63	2911.77
江苏	165.69	70116.38	西藏	5.13	1026.39
浙江	200.41	42886.49	湖南	64.44	28902.21
山东	115.59	63002.33	河南	36.95	37002.16
四川	70.99	30053.10	湖北	46.48	29550.19
贵州	25.53	10502.56	新疆	38.25	9324.80
云南	45.37	13619.17	青海	9.56	2417.05
安徽	50.25	22005.63	广西	39.56	16803.12
河北	52.54	29806.11	北京	271.90	23014.59
山西	22.30	12766.49	黑龙江	19.89	15083.67
福建	90.00	25979.82	吉林	17.23	14063.13
陕西	49.67	18021.86	辽宁	57.42	28669.02
上海	192.17	25123.45	内蒙古	27.62	17831.51
天津	23.69	16538.19	甘肃	26.17	7690.32
重庆	42.96	15717.27	江西	35.91	16723.78
海南	45.42	3702.76			
31省区市合计	星级酒店营业收入（q_i）	2141.30		地区生产总值（q）	723668.87

(17)基于星级酒店营业收入计算2016年各省区市旅游产业区位熵的数据表

单位:亿元

省区市	星级酒店营业收入(q_{ij})	地区生产总值(q_j)	省区市	星级酒店营业收入(q_{ij})	地区生产总值(q_j)
广东	211.20	80854.91	宁夏	7.63	3168.59
江苏	158.02	77388.28	西藏	5.78	1151.41
浙江	194.80	47251.36	湖南	63.06	31551.37
山东	110.59	68024.49	河南	56.19	40471.79
四川	55.74	32934.54	湖北	47.28	32665.38
贵州	25.65	11776.73	新疆	35.99	9649.70
云南	37.16	14788.42	青海	6.69	2572.49
安徽	49.47	24407.62	广西	39.52	18317.64
河北	49.54	32070.45	北京	253.60	25669.13
山西	22.03	13050.41	黑龙江	18.49	15386.09
福建	86.29	28810.58	吉林	15.38	14776.80
陕西	41.90	19399.59	辽宁	45.61	22246.90
上海	200.00	28178.65	内蒙古	22.51	18128.10
天津	24.76	17885.39	甘肃	23.37	7200.37
重庆	41.19	17740.59	江西	34.09	18499.00
海南	43.93	4053.20			
31省区市合计	星级酒店营业收入(q_i)	2027.46	地区生产总值(q)		780069.97

(18)基于星级酒店营业收入计算2017年各省区市旅游产业区位熵的数据表

单位:亿元

省区市	星级酒店营业收入(q_{ij})	地区生产总值(q_j)	省区市	星级酒店营业收入(q_{ij})	地区生产总值(q_j)
广东	210.83	89705.23	宁夏	8.2248	3443.56
江苏	163.40	85869.76	西藏	10.5861	1310.92
浙江	186.56	51768.26	湖南	60.3638	33902.96
山东	114.77	72634.15	河南	57.6620	44552.83

省区市	星级酒店营业收入(q_{ij})	地区生产总值(q_j)	省区市	星级酒店营业收入(q_{ij})	地区生产总值(q_j)
四川	61.96	36980.22	湖北	52.1343	35478.09
贵州	26.16	13540.83	新疆	31.3195	10881.96
云南	39.18	16376.34	青海	8.1985	2624.83
安徽	51.16	27018.00	广西	37.7564	18523.26
河北	53.02	34016.32	北京	269.3048	28014.94
山西	24.44	15528.42	黑龙江	16.0504	15902.68
福建	86.00	32182.09	吉林	14.4464	14944.53
陕西	47.52	21898.81	辽宁	50.8044	23409.24
上海	212.65	30632.99	内蒙古	25.7213	16096.21
天津	24.38	18549.19	甘肃	23.4840	7459.90
重庆	37.34	19424.73	江西	33.0160	20006.31
海南	45.41	4462.54			
31省区市合计	星级酒店营业收入(q_i)	2083.9249	地区生产总值(q)	847140.10	

(19)基于星级酒店营业收入计算 2018 年各省区市旅游产业区位熵的数据表

单位:亿元

省区市	星级酒店营业收入(q_{ij})	地区生产总值(q_j)	省区市	星级酒店营业收入(q_{ij})	地区生产总值(q_j)
广东	215.78	97277.77	宁夏	7.17	3705.18
江苏	162.16	92595.40	西藏	16.99	1477.63
浙江	187.46	56197.00	湖南	56.30	36425.78
山东	117.44	76469.70	河南	57.23	48055.90
四川	70.31	40678.10	湖北	56.90	39366.60
贵州	24.41	14806.45	新疆	33.54	12199.08
云南	54.94	17881.10	青海	9.47	2865.23
安徽	53.21	30006.80	广西	44.50	20352.51
河北	58.35	36010.30	北京	219.76	30320.00

续　表

省区市	星级酒店营业收入(q_{ij})	地区生产总值(q_j)	省区市	星级酒店营业收入(q_{ij})	地区生产总值(q_j)
山西	25.63	16818.11	黑龙江	14.78	16361.60
福建	91.38	35804.04	吉林	11.76	15074.62
陕西	48.92	24438.30	辽宁	54.90	25315.40
上海	200.66	32679.87	内蒙古	24.28	17289.20
天津	22.56	18809.64	甘肃	23.90	8246.10
重庆	47.08	20362.20	江西	35.85	21984.80
海南	43.16	4832.05			
31省区市合计	星级酒店营业收入(q_i)	2090.78	地区生产总值(q)	985333.35	

附录 B：基于旅游业收入、A 级景区收入、星级酒店收入计算 2013—2019 年全国和海南旅游业空间基尼系数表。

(1)基于旅游业收入计算 2013—2019 年全国旅游业空间基尼系数的数据表

单位：地区旅游业收入（亿元）、占全国的比重（%，Si）

区域	2013 年		2014 年		2015 年		2016 年		2017 年		2018 年		2019 年	
	旅游业收入	占全国比重	旅游业收入	占全国比重	旅游业收入	占全国比重	旅游业收入	占全国比重	旅游业收入	占全国比重	旅游业收入	占全国比重	旅游业收入	占全国比重
全国	81763.05	100.00	90253.70	100.00	109888.85	100.00	131667.00	100.00	159523.10	100.00	68599.20	100.00	85353.61	100.00
广东	8305.00	10.37	9227.00	9.48	10365.00	9.58	11560.00	8.37	11993.00	8.35	13600.00	19.83	15135.00	17.73
江苏	7195.00	6.70	8145.50	6.72	9050.10	5.87	10263.00	6.42	11600.00	6.06	13247.30	19.31	14321.60	16.78
浙江	5536.00	7.78	6300.00	6.03	7139.14	5.81	8093.00	5.38	9322.67	6.35	10006.00	14.59	10911.00	12.78
山东	5183.90	6.56	5183.90	7.79	7062.50	8.38	8031.00	8.74	9200.00	9.19	10461.20	15.25	11087.30	12.99
四川	3877.40	3.70	4891.00	3.53	6210.52	4.14	7706.00	4.00	8923.06	4.82	10112.00	14.74	11594.30	13.58
贵州	2370.00	1.43	2880.00	1.33	3500.00	1.50	5027.00	1.67	7100.00	2.04	9471.00	13.81	12407.01	14.54
云南	2111.20	4.57	2650.00	3.46	3281.79	4.03	4726.00	3.82	6922.00	3.76	8991.00	13.11	11035.20	12.93
安徽	3010.40	2.69	3430.00	2.99	4120.00	2.92	4923.00	2.87	6197.00	3.96	7241.00	10.56	8525.60	9.99
河北	2000.00	3.68	2561.49	3.63	3433.97	3.84	4655.00	3.98	6000.00	4.62	6141.00	8.95	9313.40	10.91
山西	2305.44	2.68	2843.51	1.87	3447.50	1.57	4247.00	1.75	5360.21	1.60	6729.00	9.81	8026.90	9.40
福建	2286.47	4.49	2707.00	3.48	3150.00	3.39	3935.00	3.45	5083.10	3.31	6635.00	9.67	8101.21	9.49
陕西	2135.00	2.62	2521.40	2.68	3006.00	3.33	3813.00	3.21	4813.59	3.18	5995.00	8.74	7211.21	8.45

续　表

区域	2013年		2014年		2015年		2016年		2017年		2018年		2019年	
	旅游业收入	占全国比重	旅游业收入	占全国比重	旅游业收入	占全国比重	旅游业收入	占全国比重	旅游业收入	占全国比重	旅游业收入	占全国比重	旅游业收入	占全国比重
上海	2968.00	4.30	3350.00	3.05	3500.00	3.06	3820.00	3.41	4485.00	3.46	5092.32	7.42	5733.73	6.72
天津	2162.00	1.09	2508.00	1.06	2794.25	0.96	3100.00	1.03	3545.44	1.05	3918.59	5.71	4232.08	4.96
重庆	1771.02	2.32	2003.30	2.05	2250.00	2.10	2645.00	2.04	3308.04	1.87	4344.00	6.33	5734.00	6.72
海南	428.C0	1.73	485.00	1.22	572.49	1.38	670.00	1.54	811.99	1.52	950.00	1.38	1057.80	1.24
宁夏	126.55	0.64	142.69	0.42	161.00	0.39	205.00	0.45	278.00	0.52	295.67	0.43	340.03	0.40
西藏	165.00	0.21	204.00	0.22	280.00	0.29	331.00	0.33	379.37	0.20	490.00	0.71	559.28	0.66
湖南	2630.92	3.70	3050.70	7.59	3712.91	7.30	4707.00	7.74	7172.60	4.82	8356.00	12.18	9762.30	11.44
河南	3875.50	2.94	4366.20	2.34	5035.00	2.26	5764.00	3.69	6751.00	3.67	8120.00	11.84	9901.86	11.60
湖北	3206.00	3.05	3752.00	3.32	4314.70	3.59	4870.00	3.32	5514.00	3.49	6.44.33	9.25	659.73	0.77
新疆	710.00	1.75	650.07	1.72	1022.00	1.69	1401.00	2.03	1822.00	1.98	2579.71	3.76	3632.58	4.26
青海	158.54	0.43	201.90	0.46	248.03	0.50	310.00	0.56	381.53	0.82	458.00	0.67	561.33	0.66
广西	2057.14	2.40	2602.00	2.24	3252.00	3.50	4191.00	2.49	5580.00	2.55	7620.00	11.11	10241.44	12.00
北京	3963.20	7.37	4280.10	5.55	4616.00	5.49	5021.00	4.94	5469.00	4.84	5921.00	8.63	6224.60	7.29
黑龙江	1384.00	1.27	786.90	1.58	1361.43	1.61	1603.00	1.76	1909.00	1.75	2253.00	3.28	2683.80	3.14
吉林	1477.08	1.20	1846.79	0.99	2315.00	1.04	2897.00	1.04	3507.00	0.95	4213.00	6.14	4920.38	5.76
辽宁	4432.80	3.01	1846.79	7.55	3825.00	4.25	4225.00	3.48	4740.80	3.58	5357.00	7.81	6222.80	7.29

续　表

区域	2013 年		2014 年		2015 年		2016 年		2017 年		2018 年		2019 年	
	旅游业收入	占全国比重	旅游业收入	占全国比重	旅游业收入	占全国比重	旅游业收入	占全国比重	旅游业收入	占全国比重	旅游业收入	占全国比重	旅游业收入	占全国比重
内蒙古	1403.00	1.87	1403.46	1.33	2257.10	1.66	2715.00	1.41	3340.00	1.56	4011.00	5.85	4651.50	5.45
甘肃	620.00	1.57	780.00	1.42	975.42	1.52	1220.00	1.63	1578.70	1.65	2000.00	2.92	2680.13	3.14
江西	1908.49	1.90	2650.00	2.92	3630.00	3.04	4993.00	3.44	6435.00	2.46	8145.00	11.87	9657.60	11.31

(2) 基于 GDP 计算 2013—2019 年全国旅游业空间基尼系数的数据表

单位: 旅游业收入（亿元），占全国的比重（%，Si）

区域	2013 年		2014 年		2015 年		2016 年		2017 年		2018 年		2019 年	
	GDP	占全国比重	GDP	占全国比重	GDP	占全国比重	GDP	占全国比重	GDP	占全国比重	GDP	占全国比重	GDP	占全国比重
全国	630009.34	100.00	684349.42	100.00	723668.87	100.00	780069.97	100.00	847140.10	100.00	553468.25	100.00	582755.94	100.00
广东	62163.97	4.28	67809.85	4.20	72813.55	4.05	80854.91	4.00	89705.23	3.96	97277.77	17.58	107671.07	18.48
江苏	59161.75	6.48	65088.32	6.44	70116.38	6.40	77388.28	6.39	85869.76	6.41	92595.40	16.73	99631.50	17.10
浙江	37568.49	8.08	40173.03	7.90	42886.49	7.77	47251.36	7.68	51768.26	7.66	56197.00	10.15	62352.00	10.70
山东	54684.33	6.87	59426.59	6.81	63002.33	6.78	68024.49	6.70	72634.15	6.52	76469.70	13.82	71067.50	12.20
四川	26260.77	7.19	28536.66	6.64	30053.10	6.50	32934.54	6.42	36980.22	6.43	40678.10	7.35	46615.80	8.00
贵州	8006.79	1.39	9266.39	1.47	10502.56	1.54	11776.73	1.62	13540.83	1.72	14806.45	2.68	16769.34	2.88
云南	11720.91	2.36	12814.59	2.38	13619.17	2.28	14788.42	2.33	16376.34	2.36	17881.10	3.23	23223.75	3.99
安徽	19038.87	2.67	20848.75	2.72	22005.63	2.69	24407.62	2.71	27018	2.78	30006.80	5.42	37114.00	6.37
河北	28301.41	9.11	29421.15	8.94	29806.11	8.77	32070.45	8.63	34016.32	8.49	36010.30	6.51	35104.50	6.02
山西	12602.24	4.02	12761.49	3.96	12766.49	3.90	13050.41	3.90	15528.42	3.86	16818.11	3.04	17026.68	2.92
福建	21759.34	1.21	24055.76	1.39	25979.82	1.38	28810.58	1.37	32182.09	1.36	35804.04	6.47	42395.00	7.27
陕西	16045.21	1.75	17689.94	1.85	18021.86	2.00	19399.59	2.05	21898.81	2.14	24438.30	4.42	25793.17	4.43

续表

区域	2013 年		2014 年		2015 年		2016 年		2017 年		2018 年		2019 年	
	GDP	占全国比重	GDP	占全国比重	GDP	占全国比重	GDP	占全国比重	GDP	占全国比重	GDP	占全国比重	GDP	占全国比重
上海	21602.12	2.48	23567.70	2.90	25123.45	2.83	28178.65	2.79	30632.99	2.77	32679.87	5.90	38155.32	6.55
天津	14370.16	1.45	15726.93	1.47	16538.19	1.48	17885.39	1.47	18549.19	1.43	18809.64	3.40	14104.28	2.42
重庆	12656.69	2.01	14262.60	2.03	15717.27	2.05	17740.59	2.09	19424.73	2.11	20362.20	3.68	23605.77	4.05
海南	3146.46	1.12	3500.72	1.16	3702.76	1.16	4053.20	1.14	4462.54	1.18	4832.05	0.87	5308.94	0.91
宁夏	2565.06	0.31	2752.10	0.31	2911.77	0.32	3168.59	0.32	3443.56	0.33	3705.18	0.67	3748.48	0.64
西藏	807.67	0.45	920.83	0.45	1026.39	0.49	1151.41	0.52	1310.92	0.54	1477.63	0.27	1697.82	0.29
湖南	24501.67	3.43	27037.32	3.55	28902.21	3.52	31551.37	3.54	33902.96	3.62	36425.78	6.58	39752.10	6.82
河南	32155.86	3.34	34938.24	3.64	37002.16	3.83	40471.79	3.93	44552.83	3.95	48055.90	8.68	54259.20	9.31
湖北	24668.49	3.13	27379.22	3.06	29550.19	4.03	32665.38	4.24	35478.09	4.21	39366.60	7.11	45828.31	7.86
新疆	8360.24	2.39	9273.46	2.41	9324.8	2.49	9649.70	2.58	10881.96	2.64	12199.08	2.20	13597.11	2.33
青海	2101.05	0.31	2303.32	0.32	2417.05	0.32	2572.49	0.33	2624.83	0.33	2865.23	0.52	2965.95	0.51
广西	14378	2.44	15672.89	2.44	16803.12	2.49	18317.64	2.53	18523.26	2.52	20352.51	3.68	21237.14	3.64
北京	19500.56	2.49	21330.83	2.46	23014.59	2.47	25669.13	2.49	28014.94	2.51	30320.00	5.48	35371.30	6.07
黑龙江	14382.93	2.33	15039.38	2.33	15083.67	2.16	15386.09	2.19	15902.68	2.15	16361.60	2.96	13612.70	2.34
吉林	12581.46	1.40	13803.14	1.43	14063.13	1.46	14776.80	1.50	14944.53	1.48	15074.62	2.72	11726.82	2.01

续　表

区域	2013 年		2014 年		2015 年		2016 年		2017 年		2018 年		2019 年	
	GDP	占全国比重	GDP	占全国比重	GDP	占全国比重	GDP	占全国比重	GDP	占全国比重	GDP	占全国比重	GDP	占全国比重
辽宁	27077.65	5.49	28626.58	5.45	28669.02	5.02	22246.90	4.70	23409.24	4.61	25315.40	4.57	24909.50	4.27
内蒙古	16832.38	7.19	17770.19	6.64	17831.51	6.50	18128.10	6.42	16096.21	6.43	17289.20	3.12	17212.50	2.95
甘肃	6268.01	1.12	6836.82	1.15	7690.32	1.18	7200.37	1.21	7459.90	1.25	8246.10	1.49	8718.30	1.50
江西	14338.50	2.04	15714.63	2.10	16723.78	2.14	18499.00	2.20	20006.31	2.27	21984.80	3.97	24757.50	4.25

（3）基于旅游收入计算 2013—2019 年海南旅游业空间基尼系数的数据表

单位：旅游收入（亿元），占全省的比重（%，Si）

区域	2013 年		2014 年		2015 年		2016 年		2017 年		2018 年		2019 年	
	旅游收入	占全省比重	旅游收入	占全省比重	旅游收入	占全省比重	旅游收入	占全省比重	旅游收入	占全省比重	旅游收入	占全省比重	旅游收入	占全省比重
海南省	457.96	100.00	559.74	100.00	641.63	100.00	711.73	100.00	878.39	100.00	1040.50	100.00	1208.58	100.00
海口市	120.16	26.24	142.02	25.37	160.06	24.95	191.24	26.87	265.99	30.28	298.11	28.65	320.61	26.53
三亚市	233.33	50.95	281.80	50.34	307.64	47.95	327.89	46.07	411.10	46.80	514.73	49.47	633.19	52.39
琼海市	20.50	4.48	33.20	5.93	49.82	7.76	57.26	8.05	38.50	4.38	31.85	3.06	36.88	3.05
万宁市	25.00	5.46	29.77	5.32	35.13	5.48	33.15	4.66	40.53	4.61	47.41	4.56	54.33	4.50
文昌市	16.01	3.50	19.05	3.40	23.81	3.71	14.00	1.97	14.50	1.65	14.96	1.44	19.68	1.63
陵水县	7.76	1.69	9.14	1.63	10.90	1.70	21.31	2.99	29.80	3.39	35.87	3.45	39.50	3.27
五指山市	1.44	0.31	1.87	0.33	2.24	0.35	2.53	0.36	3.26	0.37	5.31	0.51	6.50	0.54
定安县	2.27	0.50	2.56	0.46	2.98	0.46	3.79	0.53	7.14	0.81	8.20	0.79	6.28	0.52
屯昌县	0.89	0.19	1.16	0.21	1.74	0.27	2.29	0.32	5.82	0.66	3.84	0.37	3.90	0.32
琼中县	0.75	0.16	1.41	0.25	8.09	1.26	5.13	0.72	5.13	0.58	5.90	0.57	6.20	0.51
保亭县	4.87	1.06	5.99	1.07	1.39	0.22	13.69	1.92	13.69	1.56	16.60	1.60	16.83	1.39
白沙县	1.21	0.26	1.30	0.23	11.21	1.75	2.01	0.28	2.01	0.23	2.39	0.23	2.90	0.24
儋州市	6.16	1.35	9.83	1.76	3.43	0.53	14.48	2.03	14.48	1.65	17.27	1.66	20.20	1.67

续 表

区域	2013 年		2014 年		2015 年		2016 年		2017 年		2018 年		2019 年	
	旅游收入	占全省比重	旅游收入	占全省比重	旅游收入	占全省比重	旅游收入	占全省比重	旅游收入	占全省比重	旅游收入	占全省比重	旅游收入	占全省比重
东方市	3.08	0.67	3.11	0.56	16.49	2.57	6.06	0.85	6.06	0.69	7.41	0.71	8.22	0.68
澄迈县	10.93	2.39	12.86	2.30	1.95	0.30	11.40	1.60	11.40	1.30	12.72	1.22	13.12	1.09
临高县	1.11	0.24	1.60	0.29	2.17	0.34	3.17	0.45	3.17	0.36	3.90	0.37	4.46	0.37
乐东县	1.60	0.35	1.91	0.34	1.80	0.28	6.51	0.91	6.51	0.74	8.09	0.78	8.55	0.71
昌江县	0.85	0.19	1.16	0.21	1.74	0.27	5.22	0.73	5.58	0.64	5.94	0.57	7.23	0.60

(4)基于GDP计算2013—2019年海南旅游业空间基尼系数的数据表

单位:旅游收入(亿元),占全省的比重(%,Si)

区域	2013年 地区生产总值	2013年 占全省比重	2014年 地区生产总值	2014年 占全省比重	2015年 地区生产总值	2015年 占全省比重	2016年 地区生产总值	2016年 占全省比重	2017年 地区生产总值	2017年 占全省比重	2018年 地区生产总值	2018年 占全省比重	2019年 地区生产总值	2019年 占全省比重
海南省	3131.50	100.00	3483.09	100.00	3691.50	100.00	4020.00	100.00	4447.84	100.00	4814.61	100.00	5308.94	100.00
海口市	904.64	28.89	1091.70	31.34	160.06	4.34	1257.67	31.29	1390.58	31.26	1510.51	31.37	1671.93	31.49
三亚市	373.49	11.93	402.26	11.55	307.64	8.33	475.56	11.83	529.80	11.91	595.51	12.37	677.86	12.77
琼海市	162.61	5.19	187.70	5.39	49.82	1.35	220.58	5.49	245.97	5.53	264.10	5.49	283.30	5.34
万宁市	147.12	4.70	152.29	4.37	35.13	0.95	184.27	4.58	204.98	4.61	224.33	4.66	235.58	4.44
文昌市	175.65	5.61	159.80	4.59	23.81	0.64	186.88	4.65	205.98	4.63	231.14	4.80	257.02	4.84
陵水县	85.20	2.72	109.94	3.16	10.90	0.30	134.30	3.34	151.01	3.40	159.16	3.31	163.10	3.07
五指山市	18.30	0.58	21.09	0.61	2.24	0.06	24.48	0.61	27.19	0.61	29.05	0.60	34.00	0.64
定安县	61.48	1.96	69.48	1.99	2.98	0.08	83.49	2.08	90.28	2.03	98.51	2.05	104.42	1.97
屯昌县	46.54	1.49	53.88	1.55	1.29	0.03	64.39	1.60	70.19	1.58	77.40	1.61	81.73	1.54
琼中县	28.07	0.90	35.84	1.03	1.74	0.05	43.42	1.08	47.35	1.06	49.49	1.03	57.48	1.08
保亭县	29.23	0.93	36.72	1.05	8.09	0.22	41.57	1.03	45.09	1.01	48.63	1.01	55.70	1.05
白沙县	32.77	1.05	37.39	1.07	1.39	0.04	43.45	1.08	47.14	1.06	50.22	1.04	56.64	1.07
儋州市	449.36	14.35	439.86	12.63	11.21	0.30	476.63	11.86	533.19	11.99	566.30	11.76	616.84	11.62

续　表

区域	2013 年		2014 年		2015 年		2016 年		2017 年		2018 年		2019 年	
	GDP	占全省比重	GDP	占全省比重	GDP	占全省比重	GDP	占全省比重	GDP	占全省比重	GDP	占全省比重	GDP	占全省比重
东方市	124.13	3.96	134.50	3.86	3.43	0.09	148.31	3.69	157.10	3.53	177.91	3.70	193.08	3.64
澄迈县	201.56	6.44	226.81	6.51	16.49	0.45	256.77	6.39	288.74	6.49	299.55	6.22	330.18	6.22
临高县	119.19	3.81	135.45	3.89	1.95	0.05	159.98	3.98	176.23	3.96	180.42	3.75	195.40	3.68
乐东县	80.67	2.58	93.59	2.69	2.17	0.06	117.10	2.91	122.58	2.76	126.97	2.64	144.35	2.72
昌江县	91.49	2.92	94.79	2.72	4.31	0.12	101.17	2.52	114.44	2.57	125.41	2.60	126.32	2.38

(5)基于营业收入计算 2017 年全国 A 级景区空间基尼系数的数据表

单位:A 级景区营业收入(亿元),占全国的比重(％,Si)

区域	A 级景区收入	占全国比重
全国	4339.83	100.00
广东	223.97	5.16
江苏	221.34	5.10
浙江	263.86	6.08
山东	475.99	10.97
四川	309.18	7.12
贵州	69.02	1.59
云南	277.72	6.40
安徽	82.91	1.91
河北	105.43	2.43
山西	95.53	2.20
福建	143.32	3.30
陕西	52.97	1.22
上海	21.45	0.49
天津	111.10	2.56
重庆	35.15	0.81
海南	155.39	3.58
宁夏	11.92	0.27
西藏	2.04	0.05
湖南	267.75	6.17
河南	110.09	2.54
湖北	194.12	4.47
新疆	54.16	1.25
青海	41.57	0.96
广西	68.33	1.57
北京	53.13	1.22

续　表

区域	A级景区收入	占全国比重
黑龙江	49.05	1.13
吉林	37.29	0.86
辽宁	100.29	2.31
内蒙古	43.50	1.00
甘肃	73.80	1.70
江西	588.46	13.56

(6)基于营业收入计算2017年全国星级酒店空间基尼系数的数据表

单位:A级星级酒店营业收入(亿元),占全国的比重(%,Si)

区域	星级营业收入	占全国比重
全国	2083.92	100.00
广东	210.83	10.12
江苏	163.40	7.84
浙江	186.56	8.95
山东	114.77	5.51
四川	61.96	2.97
贵州	26.16	1.26
云南	39.18	1.88
安徽	51.16	2.46
河北	53.02	2.54
山西	24.44	1.17
福建	86.00	4.13
陕西	47.52	2.28
上海	212.65	10.20
天津	24.38	1.17
重庆	37.34	1.79
海南	45.41	2.18

区域	星级营业收入	占全国比重
宁夏	210.83	10.12
西藏	163.40	7.84
湖南	186.56	8.95
河南	114.77	5.51
湖北	61.96	2.97
新疆	26.16	1.26
青海	39.18	1.88
广西	51.16	2.46
北京	53.02	2.54
黑龙江	24.44	1.17
吉林	86.00	4.13·
辽宁	47.52	2.28
内蒙古	212.65	10.20
甘肃	24.38	1.17
江西	37.34	1.79

(7)基于 GDP 计算 2017 年全国区域 A 级景区、星级酒店空间基尼系数的数据表

单位:GDP(亿元),占全国的比重(%,Xi)

区域	GDP	占全国比重
全国	847140.1	100.00
广东	89705.23	10.59
江苏	85869.76	10.14
浙江	51768.26	6.11
山东	72634.15	8.57
四川	36980.22	4.37
贵州	13540.83	1.60
云南	16376.34	1.93

续　表

区域	GDP	占全国比重
安徽	27018	3.19
河北	34016.32	4.02
山西	15528.42	1.83
福建	32182.09	3.80
陕西	21898.81	2.59
上海	30632.99	3.62
天津	18549.19	2.19
重庆	19424.73	2.29
海南	4462.54	0.53
宁夏	3443.56	0.41
西藏	1310.92	0.15
湖南	33902.96	4.00
河南	44552.83	5.26
湖北	35478.09	4.19
新疆	10881.96	1.28
青海	2624.83	0.31
广西	18523.26	2.19
北京	28014.94	3.31
黑龙江	15902.68	1.88
吉林	14944.53	1.76
辽宁	23409.24	2.76
内蒙古	16096.21	1.90
甘肃	7459.90	0.88
江西	20006.31	2.36

(8)基于营业收入计算 2017 年海南省 A 级景区空间基尼系数的数据表

单位:A 级景区(亿元),占全省的比重(%,Si)

区域	A 级景区	占全省比重
海南省	44.98	100.00
海口	5.11	11.36
三亚	20.57	45.73
琼海	0.74	1.65
万宁	7.23	16.07
文昌	0.01	0.02
五指山	0.04	0.09
儋州	0.05	0.11
定安	0.12	0.27
东方	0.00	0.00
陵水	4.25	9.45
昌江	0.00	0.00
屯昌	0.05	0.11
保亭	5.01	11.14
琼中	0.00	0.00
乐东	0.00	0.00
临高	0.00	0.00
澄迈	1.80	4.00
白沙	0.00	0.00

(9)基于营业收入计算 2017 年海南省星级酒店空间基尼系数的数据表

单位:A 级景区(亿元),占全省的比重(%,Si)

区域	星级酒店	占全省比重
海南	45.41	100.00
海口	9.33	20.55
三亚	31.95	70.36

续　表

区域	星级酒店	占全省比重
琼海	1.66	3.66
万宁	1.62	3.57
文昌	0.55	1.21
五指山	0.06	0.13
儋州	0.02	0.04
定安	0.00	0.00
东方	0.16	0.35
陵水	0.00	0.00
昌江	0.00	0.00
屯昌	0.00	0.00
保亭	0.00	0.00
琼中	0.04	0.09
乐东	0.00	0.00
临高	0.02	0.04
澄迈	0.00	0.00
白沙	0.00	0.00

附录 C:基于旅游收入计算 2010—2019 年海南各市县旅游产业区位熵数据表

(1)基于旅游收入计算 2010 年海南各市县旅游产业区位熵的数据表

单位:亿元

区域	旅游收入(q_{ij})	地区生产总值(q_j)	区域	旅游收入(q_{ij})	地区生产总值(q_j)
海口市	72.09	590.55	琼中县	0.11	12.89
三亚市	139.64	230.79	保亭县	2.34	13.63
琼海市	11.78	105.54	白沙县	0.47	15.16
万宁市	11.73	88.72	儋州市	3.56	292.75
文昌市	10.92	114.50	东方市	2.24	75.81
陵水县	3.37	50.17	澄迈县	3.10	106.00
五指山市	0.65	13.51	临高县	0.15	69.63
定安县	1.59	36.94	乐东县	1.12	49.09
屯昌县	0.04	27.19	昌江县	0.85	54.33
18 个市县合计旅游总收入(q_i)	264.94	地区生产总值(q)	1947.20		

(2)基于旅游收入计算 2011 年海南各市县旅游产业区位熵的数据表

单位:亿元

区域	旅游收入(q_{ij})	地区生产总值(q_j)	区域	旅游收入(q_{ij})	地区生产总值(q_j)
海口市	83.02	712.76	琼中县	0.22	16.13
三亚市	173.2	284.57	保亭县	3.03	16.85
琼海市	14.82	130.00	白沙县	0.80	19.72
万宁市	14.42	113.08	儋州市	4.14	353.68
文昌市	12.90	142.27	东方市	2.49	94.93
陵水县	6.00	61.07	澄迈县	4.20	140.01
五指山市	0.75	15.00	临高县	0.30	79.71
定安县	1.77	44.81	乐东县	1.24	59.93
屯昌县	0.05	33.70	昌江县	1.16	71.32
18 个市县合计旅游总收入(q_i)	323.40	地区生产总值(q)	2389.54		

(3)基于旅游收入计算 2012 年海南各市县旅游产业区位熵的数据表

单位:亿元

区域	旅游收入(q_{ij})	地区生产总值(q_j)	区域	旅游收入(q_{ij})	地区生产总值(q_j)
海口市	101.57	820.58	琼中县	0.34	25.94
三亚市	192.22	330.75	保亭县	3.98	26.53
琼海市	17.31	145.10	白沙县	0.97	31.37
万宁市	25.09	134.98	儋州市	4.72	419.56
文昌市	14.67	158.55	东方市	2.77	114.06
陵水县	6.58	71.60	澄迈县	8.17	170.52
五指山市	1.21	16.58	临高县	0.77	103.40
定安县	2.03	55.20	乐东县	1.41	72.36
屯昌县	0.18	43.27	昌江县	1.80	81.06
18 个市县合计旅游总收入(q_i)	384.17	地区生产总值(q)	2821.41		

(4)基于旅游收入计算 2013 年海南各市县旅游产业区位熵的数据表

单位:亿元

区域	旅游收入(q_{ij})	地区生产总值(q_j)	区域	旅游收入(q_{ij})	地区生产总值(q_j)
海口市	120.16	904.64	琼中县	0.75	28.07
三亚市	233.33	373.49	保亭县	4.87	29.23
琼海市	20.50	162.61	白沙县	1.21	32.77
万宁市	25.00	147.12	儋州市	6.16	449.36
文昌市	16.01	175.65	东方市	3.08	124.13
陵水县	7.76	85.20	澄迈县	10.93	201.56
五指山市	1.44	18.30	临高县	1.11	119.19
定安县	2.27	61.48	乐东县	1.60	80.67
屯昌县	0.89	46.54	昌江县	2.40	91.49
18 个市县合计旅游总收入(q_i)	457.96	地区生产总值(q)	3131.50		

(5)基于旅游收入计算 2014 年海南各市县旅游产业区位熵的数据表

单位:亿元

区域	旅游收入(q_{ij})	地区生产总值(q_j)	区域	旅游收入(q_{ij})	地区生产总值(q_j)
海口市	142.02	1091.70	琼中县	1.41	35.84
三亚市	281.80	402.26	保亭县	5.99	36.72
琼海市	33.20	187.70	白沙县	1.30	37.39
万宁市	29.77	152.29	儋州市	9.83	439.86
文昌市	19.05	159.80	东方市	3.11	134.50
陵水县	9.14	109.94	澄迈县	12.86	226.81
五指山市	1.87	21.09	临高县	1.60	135.45
定安县	2.56	69.48	乐东县	1.91	93.59
屯昌县	1.16	53.88	昌江县	3.15	94.79
18 个市县合计旅游总收入(q_i)	559.74	地区生产总值(q)	3483.09		

(6)基于旅游收入计算 2015 年海南各市县旅游产业区位熵的数据表

单位:亿元

区域	旅游收入(q_{ij})	地区生产总值(q_j)	区域	旅游收入(q_{ij})	地区生产总值(q_j)
海口市	160.06	1161.96	琼中县	1.74	39.10
三亚市	307.64	435.82	保亭县	8.09	38.56
琼海市	49.82	200.50	白沙县	1.39	39.96
万宁市	35.13	165.82	儋州市	11.21	443.25
文昌市	23.81	169.63	东方市	3.43	144.56
陵水县	10.90	117.25	澄迈县	16.49	240.49
五指山市	2.24	22.28	临高县	1.95	144.52
定安县	2.98	75.10	乐东县	2.17	104.37
屯昌县	1.29	58.15	昌江县	4.31	90.19
18 个市县合计旅游总收入(qi)	641.63	地区生产总值(q)	3691.50		

（7）基于旅游收入计算 2016 年海南各市县旅游产业区位熵的数据表

单位：亿元

区域	旅游收入（q_{ij}）	地区生产总值（q_j）	区域	旅游收入（q_{ij}）	地区生产总值（q_j）
海口市	191.24	1257.67	琼中县	5.13	43.42
三亚市	327.89	475.56	保亭县	13.69	41.57
琼海市	57.26	220.58	白沙县	2.01	43.45
万宁市	33.15	184.27	儋州市	14.48	476.63
文昌市	14.00	186.88	东方市	6.06	148.31
陵水县	21.31	134.30	澄迈县	11.40	256.77
五指山市	2.53	24.48	临高县	3.17	159.98
定安县	3.79	83.49	乐东县	6.51	117.10
屯昌县	2.29	64.39	昌江县	5.22	101.17
18 个市县合计旅游总收入（q_i）	711.73		地区生产总值（q）	4020.00	

（8）基于旅游收入计算 2017 年海南各市县旅游产业区位熵的数据表

单位：亿元

区域	旅游收入（q_{ij}）	地区生产总值（q_j）	区域	旅游收入（q_{ij}）	地区生产总值（q_j）
海口市	265.99	1390.58	琼中县	5.13	47.35
三亚市	411.10	529.80	保亭县	13.69	45.09
琼海市	38.50	245.97	白沙县	2.01	47.14
万宁市	40.53	204.98	儋州市	14.48	533.19
文昌市	14.50	205.98	东方市	6.06	157.10
陵水县	29.80	151.01	澄迈县	11.40	288.74
五指山市	3.26	27.19	临高县	3.17	176.23
定安县	7.14	90.28	乐东县	6.51	122.58
屯昌县	5.82	70.19	昌江县	5.58	114.44
18 个市县合计旅游总收入（q_i）	878.39		地区生产总值（q）	4447.84	

(9)基于旅游收入计算 2018 年海南各市县旅游产业区位熵的数据表

单位:亿元

区域	旅游收入(q_{ij})	地区生产总值(q_j)	区域	旅游收入(q_{ij})	地区生产总值(q_j)
海口市	298.11	1510.51	琼中县	5.90	49.49
三亚市	514.73	595.51	保亭县	16.60	48.63
琼海市	31.85	264.10	白沙县	2.39	50.22
万宁市	47.41	224.33	儋州市	17.27	566.30
文昌市	14.96	231.14	东方市	7.41	177.91
陵水县	35.87	159.16	澄迈县	12.72	299.55
五指山市	5.31	29.05	临高县	3.90	180.42
定安县	8.20	98.51	乐东县	8.09	126.97
屯昌县	3.84	77.40	昌江县	5.94	125.41
18 个市县合计旅游总收入(q_i)	1040.50	地区生产总值(q)	4814.61		

(10)基于旅游收入计算 2019 年海南各市县旅游产业区位熵的数据表

单位:亿元

区域	旅游收入(q_{ij})	地区生产总值(q_j)	区域	旅游收入(q_{ij})	地区生产总值(q_j)
海口市	320.61	1671.93	琼中县	6.20	57.48
三亚市	633.19	677.86	保亭县	16.83	55.70
琼海市	36.88	283.30	白沙县	2.90	56.64
万宁市	54.33	235.58	儋州市	20.20	616.84
文昌市	19.68	257.02	东方市	8.22	193.08
陵水县	39.50	163.10	澄迈县	13.12	330.18
五指山市	6.50	34.00	临高县	4.46	195.40
定安县	6.28	104.42	乐东县	8.55	144.35
屯昌县	3.90	81.73	昌江县	7.23	126.32
18 个市县合计旅游总收入(q_i)	1208.58	地区生产总值(q)	5308.94		

附录 D：影响海南旅游产业集聚因素的数据表

单位：亿元

年份	基于旅游收入的区位熵	全国GDP/亿元	全国人均GDP/元	国内人均每次消费/元	国内游客总数/亿	海南旅游收入/亿元	海南地区生产总值/亿元	海南A级景区数/个	海南4A级以上景区数/个	海南机场吞吐量/万人次	海南游客数/万人次	国际游客数/万人次
2008年	1.228	319244.61	24100.21	511.0	17.12	192.33	1459.23	33	17	1422.82	2060.00	73.13
2009年	1.176	348517.74	26179.54	535.4	19.02	211.72	1646.6	33	17	1633.25	2250.33	37.21
2010年	1.116	412119.26	30807.93	598.2	21.03	257.63	2052.12	33	17	1806.76	2587.34	47.38
2011年	0.946	487940.18	36301.56	731.0	26.41	324.04	2515.29	37	17	2052.93	3001.34	56.17
2012年	0.946	538579.95	39874.28	767.9	29.57	379.12	2855.26	40	18	2204.01	3320.37	51.97
2013年	1.048	592963.23	43684.39	805.5	32.62	428.00	3146.46	41	18	2480.23	3672.51	50.05
2014年	1.051	641280.57	47005.40	839.7	36.11	485.00	3500.72	44	19	2879.64	4789.08	42.15
2015年	1.018	685992.95	50027.93	857.0	39.90	572.49	3702.76	51	21	3235.89	5336.52	35.59
2016年	0.979	740060.80	53679.52	888.2	44.35	670.00	4053.2	53	21	3617.34	6023.60	46.98
2017年	0.966	820754.28	59200.60	913.0	50.01	811.99	4462.54	54	23	4197.47	6745.01	67.50
2018年	0.951	900309.00	64520.70	925.8	55.39	950.16	4832.05	53	23	4416.25	7627.39	89.68
2019年	0.904	990865.00	70892.00	952.6	60.10	1057.80	5308.94	55	23	4438.40	8311.20	107.91